Revisitando as psicologias

Dados Internacionais de Catalogação na Publicação (CIP)
(Câmara Brasileira do Livro, SP, Brasil)

Figueiredo, Luís Claudio
  Revisitando as psicologias : da epistemologia à ética das práticas e discursos psicológicos / Luís Claudio Figueiredo – 8. ed. – Petrópolis, RJ :
Vozes, 2015.

  6ª reimpressão, 2025.

  ISBN 978-85-326-1379-0

  Bibliografia.

  1. Psicologia – Filosofia 2. Psicologia – História 3. Psicologia – Teoria, métodos etc. I. Título.

04-3603   CDD-150.3

Índices para catálogo sistemático:
1. Psicologia : Filosofia e teoria   150.3

Luís Claudio Figueiredo

Revisitando as psicologias
Da epistemologia à ética das práticas e discursos psicológicos

EDITORA
VOZES

Petrópolis

© 1996, Editora Vozes Ltda.
Rua Frei Luís, 100
25689-900 Petrópolis, RJ
www.vozes.com
Brasil

Todos os direitos reservados. Nenhuma parte desta obra poderá ser reproduzida ou transmitida por qualquer forma e/ou quaisquer meios (eletrônico ou mecânico, incluindo fotocópia e gravação) ou arquivada em qualquer sistema ou banco de dados sem permissão escrita da editora.

CONSELHO EDITORIAL

Diretor
Volney J. Berkenbrock

Editores
Aline dos Santos Carneiro
Edrian Josué Pasini
Marilac Loraine Oleniki
Welder Lancieri Marchini

Conselheiros
Elói Dionísio Piva
Francisco Morás
Teobaldo Heidemann
Thiago Alexandre Hayakawa

Secretário executivo
Leonardo A.R.T. dos Santos

PRODUÇÃO EDITORIAL

Anna Catharina Miranda
Eric Parrot
Jailson Scota
Marcelo Telles
Mirela de Oliveira
Natália França
Priscilla A.F. Alves
Rafael de Oliveira
Samuel Rezende
Verônica M. Guedes

Editoração e org. literária: Fernando Sergio Olivetti da Rocha
Capa: Marta Braiman

ISBN 978-85-326-1379-0

Este livro foi composto e impresso pela Editora Vozes Ltda.

Sumário

Apresentações, 7

Parte I – Da epistemologia à ética, 13

1. Convergências e divergências: a questão das correntes de pensamento em psicologia, 15
2. Os lugares da psicologia, 32
3. Quem é o psicólogo clínico?, 57
4. Ética, saúde e as práticas alternativas, 64

Parte II – O fazer-se da psicologia, 103

5. A interdisciplinaridade e o conhecimento psicológico – Ou multidisciplinaridade, interdisciplinaridade, transdisciplinaridade e indisciplinaridade (notas para uma palestra), 105
6. Teorias e práticas na psicologia clínica: um esforço de interpretação, 114
7. Psicologia e cientificidade: para uma política do rigor, 130
8. A preparação do psicólogo: formação e treinamento, 146

9. Investigação em psicologia clínica, 158

10. Meu prezado Charles Lang – Reflexões sobre as matrizes do pensamento psicológico e o que veio depois, 173

Apresentações

Apresentação da primeira edição

Em *Revisitando as psicologias* estão publicados os textos de palestras e participações em mesas-redondas realizadas entre os anos de 1992 e 1995. Os textos originais das apresentações foram retrabalhados para esta publicação sem perderem, contudo, uma certa independência uns dos outros. Não obstante, há um espaço comum a todos os trabalhos, o que recomenda que sejam lidos na ordem em que estão sendo agora publicados: é o espaço que se abre entre duas linhas de pesquisa a que venho me dedicando ao longo dos últimos anos: a da *psicologia como um campo de dispersão* e a da *constituição das subjetividades modernas e contemporâneas*[1].

A psicologia como campo de dispersão de saberes e práticas foi discutida por mim principalmente no livro *Matrizes do pensamento psicológico* (Vozes, 1991) e já em segunda edição [2004] graças à boa acolhida que recebeu. Nele procuro montar um quadro panorâmico das escolas e sistemas teóricos dominantes na área a partir da consideração dos pressupostos ontológicos, antropoló-

---

[1]. A terceira linha de pesquisa trata das questões da *linguagem e da fala em análise* e a ela pertence meu livro *Escutar, recordar, dizer* – Encontros heideggerianos com a clínica psicanalítica (Escuta/Educ, 1994).

gicos e epistemológicos que operam na produção dos nossos discursos. Por outro lado, em 1992 publiquei *A invenção do psicológico – Quatro séculos de subjetivação (1500-1900)* (Escuta/Educ) e que também já está na segunda edição. Neste trabalho, seguido por diversos outros que enveredam pela mesma trilha, procuro reconstituir os modos modernos de subjetivação, ou seja, os processos e os modelos de constituição das experiências subjetivas que desde o século XVI foram se articulando e sucedendo no Ocidente. O objetivo era o de mostrar como no bojo desses processos foi-se elaborando e configurando o *espaço psicológico*, ou seja, o espaço que hoje é ocupado e disputado pelas diversas psicologias.

A partir de 1992 comecei a receber inúmeros convites para falar acerca de ambas as questões e minha tentativa desde então tem sido a de procurar integrar as duas abordagens e as duas problemáticas. Continuei, é certo, a desenvolver com uma certa autonomia a questão dos modos de subjetivação e, principalmente, a das relações entre estes modos e as práticas clínicas da psicanálise. No entanto, na seleção de textos para esta coletânea optei, como disse anteriormente, pelos trabalhos que estavam no espaço intermediário entre as matrizes do pensamento psicológico e a constituição do espaço psi.

Os três textos da primeira parte estão claramente nesta confluência, mas não têm o mesmo peso. O primeiro – "Os lugares da psicologia" – e o terceiro – "Ética, saúde e as práticas alternativas" – são, sem dúvida, os mais importantes da coletânea, complementares entre si e assinalando desenvolvimentos que julgo originais em relação ao que havia apresentado nos livros anteriores. Fundamentalmente, eles marcam com nitidez a transição do meu interesse que vai de interpretar as psicologias desde uma perspectiva epistemológica para uma interpretação que enfatiza a dimensão *ética* das práticas e dos discursos psicológicos. No pequeno texto "Quem é o psicólogo clínico?" apresento, polemicamente, uma proposta de compreensão das tarefas da clínica psicológica e, em particular, da clínica psicanalítica que é uma decorrência e uma ilustração das possíveis implicações do que é apresentado nos outros dois textos desta primeira parte.

Para a segunda parte da coletânea – dedicada a questões do fazer teórico e prático da psicologia e, em particular, da clínica psicológica – selecionei dois trabalhos que são, também eles, de importância desigual. A relação de ambos com o espaço intermediário entre *Matrizes do pensamento psicológico* e *A invenção do psicológico* é menos nítida. Contudo, eles dependeram das elaborações anteriores para que pudessem vir à luz. O primeiro texto desta segunda parte é uma rápida consideração sobre a natureza dos saberes psi. Nele eu defendo a ideia de que nossos saberes são intrinsecamente *inter* e *trans*disciplinares. Trata-se, na verdade, de uma compreensão que foi sendo elaborada não só a partir das minhas pesquisas no campo da história das psicologias, mas que vai se enraizar na minha própria formação. Em outras palavras, vejo hoje, ao relê-lo, que neste trabalho estava falando do meu próprio percurso formativo. O segundo texto, igualmente, expressa uma compreensão das relações entre práticas e teorias, no campo privilegiado que é o da clínica, que depende tanto de uma reflexão epistemológica como, e principalmente, de uma experiência pessoal. No entanto, esta experiência pessoal teria sido impossível se não estivesse preparada pelas elaborações que venho desenvolvendo nos campos das histórias dos saberes e práticas psicológicas, mesmo que aqui estas dimensões estejam apenas implícitas.

No conjunto, estes trabalhos muito devem à convivência e à interlocução com alunos e professores (Alfredo Naffah Neto e Suely Rolnik) do Núcleo de Pesquisas da Subjetividade do Curso de Mestrado e Doutorado em Psicologia Clínica da PUC-SP. Além deles, porém, cabe destacar os convites que recebi de diversos Conselhos Regionais de Psicologia e do Conselho Federal de Psicologia para escrever artigos e proferir palestras sobre esses temas. Esses convites, entre outras coisas boas que me proporcionam[2], mobilizaram-me intensamente na direção de uma linguagem clara e didática, que pudesse ser incorporada às discussões que hoje se fazem acerca da psicologia e dos psicólogos em todos os centros de formação e de pesquisa. Procurei, contudo, falar com toda a clareza acerca de questões bastante complexas sem simplificá-las abusivamente.

Para minha surpresa, ao rever o que havia selecionado, descobri que na sua maioria estes textos foram apresentados e/ou publicados originalmente em terras mineiras. O próprio título do livro era, originalmente, o de uma palestra feita em São João del Rey e que aqui aparece com o novo título de *Os lugares da psicologia*.

É justo que aos amigos de Minas Gerais (Mariana, Ricardo e Regina Helena, entre outros, mas principalmente) e à Carmen Oliveira (Porto Alegre), que, ao que me

---

2. Penso aqui em alguns queijos, doces e cachaças, para não falar nas amizades que venho colecionando.

lembro, foi quem deflagrou a série de convites a que me referia acima, seja dedicado este livro.

Apresentação da segunda edição

Para esta segunda edição os capítulos originais foram revistos e a eles acrescentados dois pequenos trabalhos escritos em 1995. O primeiro, "Psicologia e cientificidade", foi elaborado por encomenda do Conselho Federal de Psicologia e publicado no Jornal do Conselho. O segundo, "A preparação do psicólogo", foi apresentado na Unisinos (São Leopoldo, RS) como subsídio às discussões sobre a reforma curricular. Nestes dois textos procuro propor alguns caminhos para as psicologias, seja para enfrentarem as exigências de cientificidade, seja para a formação e o treinamento dos psicólogos. São caminhos, em última instância, derivados das análises desenvolvidas na primeira parte do livro e, nesta medida, me pareceram pertencer ao campo problemático em que se situam os demais capítulos, trazendo, contudo, ao presente volume contribuições específicas.

Apresentação da terceira edição

A terceira edição mantém os textos, tão bem recebidos nas duas que se esgotaram, e inclui três novos escritos. Em primeiro lugar, publico de novo um trabalho que já aparecera em uma revista e desde então costuma ser adotado na disciplina Psicologia Geral da USP com muito bons resultados. Trata da dispersão do campo Psi e de como podemos lidar com ela, como professores, alunos e profissionais. Na publicação anterior, era um texto de difícil acesso e pouco conhecido. Acredito que sua inclusão nesta coletânea lhe dará um maior alcance. Outro trabalho – "Investigação em psicologia clínica" – entre os textos que escrevi sobre o tema, um dos meus preferidos, focaliza uma das dimensões da prática e dos fazeres psicológicos: a pesquisa que se exige de todo psicólogo, mesmo que não seja um pesquisador profissional. Neste trabalho, enfatizo a questão da ética, ao lado da epistemologia da pesquisa científica. Finalmente, o terceiro texto foi na origem uma carta que escrevi para um ex-orientando de doutorado, o Professor Charles Lang, da Unisinos. Nesta carta, originalmente publicada em um jornal universitário destinado aos estudantes de Psicologia do Rio Grande do Sul, tento justificar e expor as razões de meu interesse pelas áreas da história e da filosofia da psicologia e tento reconstituir os rumos da minha trajetória. O objetivo, porém, não era a simples exposição de um percurso pessoal, mas ajudar na leitura do meu livro *Matrizes do pensamento psicológico*. Este livro, apesar de muito adotado por todo o país, oferece reais dificuldades ao leitor iniciante e ao professor que se atreve a indicá-lo. Creio que a leitura desta "carta" pode auxiliar professores e alunos interessados em tirar do *Matrizes* um maior proveito com um esforço um pouco menor.

São Paulo, maio de 2004.

PARTE I

Da epistemologia à ética

1
Convergências e divergências: a questão das correntes de pensamento em psicologia

*Luís Cláudio Figueiredo**

O presente texto enfoca um tema a que me venho dedicando há cerca de quinze anos e no qual venho investindo uma parte substancial do meu esforço de pesquisa e reflexão. No entanto, quero, também, de antemão, fazer uma advertência: estes anos todos não foram suficientes para que eu possa hoje oferecer respostas completas e convincentes aos inúmeros e angustiantes problemas que decorrem da fragmentação do conhecimento psicológico.

Poderia dizer, contudo, que o ganho tem sido exatamente o de fazer avançar o problema no sentido de mantê-lo aberto, tornando-o para mim mesmo mais claramente delineado. Isto, talvez, seja pouco para oferecer, mas não gostaria de decepcionar excessivamente meus

* USP – PUC-SP.

eventuais leitores prometendo mais do que realmente me acho em condições de oferecer.

Ao longo destas páginas tratarei em primeiro lugar da própria dificuldade que nós psicólogos encontramos por ter de lidar com a fragmentação de nossos saberes; veremos como frequentemente, atordoados pelas divergências e ansiando por convergências e unidade, enveredamos pelos caminhos perigosos do dogmatismo e do ecletismo. Em seguida, apresentarei algumas perspectivas que me parecem mais maduras e profícuas para enfrentar estas questões. Estas perspectivas dizem respeito, primeiramente, a tentativas de compreender a estrutura da dispersão (que parece caótica, mas na verdade tem sua própria organização); em segundo lugar, trata-se de avaliar o alcance das divergências (que é muito mais amplo, profundo e complexo do que aquilo que poderíamos chamar apenas de "divergências teóricas"); no exame deste alcance será muito enfatizada a dimensão propriamente ética envolvida na questão.

I

Faz parte do conhecimento de todo psicólogo, de todo professor de psicologia e de todo aluno em formação o estado fragmentar do conhecimento psicológico. A propósito, Luiz Alfredo Garcia-Roza referiu-se à psicologia como "um espaço de dispersão". Para quem acompanha a história desta área de produção de saberes e de práticas fica muito claro que esta designação serve para caracterizar a psicologia pelo menos nos últimos cem anos e nada indica que vá perder a validade nos anos futuros. Efetivamente, a ocupação do espaço psicológico pelas teorias e sistemas não deu lugar à formação de um continente, mas sim de um arquipélago conceitual e tecnológico. Ou seja, não se trata de um território uno e integrado, embora também não sejam ilhas totalmente avulsas e desconectadas. Na verdade, ao longo de cerca de 40 anos, as duas últimas décadas do século XIX e as duas primeiras do século XX, surgiram, quase que simultaneamente, as grandes propostas de apreensão teórica do psicológico ou do comportamental. De lá para cá o que assistimos foi a consolidação de microcomunidades relativamente independentes, cada qual com suas crenças, seus métodos, seus objetivos, seus estilos, suas linguagens e suas histórias particulares. No entanto, a independência não é completa, o que se mostra de variadas maneiras.

Por exemplo: via de regra, dentro de um curso de formação de psicólogos estão representadas muitas (mas não todas) destas comunidades. Os alunos, ao ingressarem no curso e entrando em contato com o currículo, podem ficar, de início, com a expectativa de que várias disciplinas irão se organizar harmonicamente, convergindo para uma meta comum, segundo uma concepção compartilhada por todos os professores do que seja pensar e fazer psicologia. Muito rapidamente eles percebem que algo não caminha conforme o esperado. Costuma emergir, então, um certo desassossego e uma certa desconfiança. Penso que algo que merecia ser prontamente tematizado é a relação entre o estado um tanto caótico e inevitavelmente desarticulado de qualquer currículo de formação em psicologia e as condições históricas desta área. Esta já seria uma boa razão para atribuirmos ao estudo da história da psicologia, ou das psicologias, um lugar privilegiado na formação do psicólogo. É claro que esta história não poderia ser apenas, como frequentemente ocorre, uma exposição das teorias e sistemas; seria necessário enveredar pelo estudo dos níveis ou planos em que estes sistemas podem ser confrontados e compreendidos como legítimos habitantes do espaço psicológico; seria ainda necessário identificar suas posições particulares dentro deste espaço, com todas as implicações práticas, técnicas e éticas que lhes correspondem. A isso voltarei mais tarde.

Na ausência de uma compreensão mais abrangente e profunda do nosso espaço de dispersão, experimenta-se um sutil mal-estar que poderia ocasionalmente converter-se em episódios de angústia. Se esta não aparece claramente é porque contra ela logo emergem duas reações muito típicas e perniciosas: o *dogmatismo* e o *ecletismo*. No primeiro caso, o psicólogo em formação ou já formado tranca-se dentro de suas crenças e ensurdece para tudo que possa contestá-las. No segundo adota indiscriminadamente todas as crenças, métodos, técnicas e instrumentos disponíveis de acordo com a sua compreensão do que lhe parece necessário para enfrentar unificadamente os desafios da prática.

É preciso perceber o que estas duas defesas contra a angústia têm em comum: elas *bloqueiam o acesso à experiência*. No caso do dogmatismo a minha afirmação deve parecer óbvia: quem se agarra aos sistemas como tábua de salvação não só não pode ouvir as interpelações que viriam de outras vozes teóricas (que ficam de antemão desqualificadas), mas também não se permite ouvir o que a sua prática tem a dizer, salvo na medida em que se encaixe no esquema do que o psicólogo pensa que sabe. Eu não estou aqui defendendo uma posição ingenuamente empirista; sei muito bem que as teorias são indispensáveis para que se torne inteligível o campo das experiências; são elas que nos ajudam na tarefa de configuração deste campo e sem elas estaríamos desamparados diante de uma proliferação de acontecimentos completamente fora do nosso manejo. Contudo, o reconhecimento deste papel para as teorias e, mais amplamente, o reconhecimento de que não há experiência sem pressupostos não se pode confundir com o aforamento dogmático a um conjunto de crenças que resulte na própria impossibilitação de qualquer experiência nova.

A posição eclética apenas aparentemente escapa deste cativeiro: ocorre, na verdade, que o eclético lança mão de tudo, sem rigor e sem compromissos, a partir de um plano de compreensão que, este, nunca é questionado: o do senso comum. É neste nível do senso comum que o eclético acha que "no fundo" existe uma unidade entre as teorias e sistemas, que as técnicas e instrumentos se complementam, que ele as avalia, que ele supõe identificar as necessidades de seus clientes, etc., etc. A prisão do senso comum é mais invisível exatamente porque é a mais próxima e envolvente, mas ela é, tal como a do dogmatismo, um limite e um bloqueio. De fato, seja enclausurado dogmaticamente na sua teoria ou ingenuamente enclausurado no senso comum o psicólogo que cede à tentação de escapar da angústia através destas formas bastardas de unificação perde a capacidade de *experimentar*. O que é experimentar, efetivamente, senão entrar em contato com a alteridade?

> Fazer uma experiência com o que quer que seja, uma coisa, um ser humano, um deus, isto quer dizer: deixá-la vir sobre nós, para

que nos atinja, nos caia em cima, nos transforme e nos faça outro (Heidegger).

Estas são as palavras de um dos maiores pensadores, senão o maior, do século XX, Martin Heidegger. O que ele enfatiza é que a verdadeira experiência comporta um momento de encontro, de negação, de transformação. Ou seja, experimentar é deixar-se fazer outro no encontro com o outro. Em outras palavras: só há experiência onde há diferença e onde novas diferenças são engendradas. Ora, tanto o dogmático não se dispõe a nada disto, como o eclético procura manter-se fundamentalmente o mesmo, encobrindo esta imobilidade e esta mesmice impermeável com a fantasia da variedade e da liberdade.

II

Se me alonguei nesta questão do dogmatismo e do ecletismo é porque infelizmente eles costumam ser tentações quase irrecusáveis para o psicólogo.

Mas será que não existem outras maneiras de enfrentar a dispersão do espaço psi, de lidar com a angústia que ele evoca? Creio que sim, mas estas maneiras exigem uma estreita aliança de movimentos construtivos e movimentos reflexivos. Chamo de movimentos construtivos os que implicam em investir na produção do conhecimento a partir dos recursos conceituais disponíveis nas teorias e no encontro destes recursos com os desafios da prática, ou seja, a partir das experiências. Não se trata, necessariamente, de transformar todo psicólogo num profissional da pesquisa, mas de trazer para as situações práticas e profissionais a competência de *pensar* que permita a elaboração de conhecimentos novos. É preciso abandonar a ideia de que a psicologia dita "aplicada" seja a mera aplicação de um conhecimento científico já constituído. No nosso campo, tão ou mais decisivo que o conhecimento teórico disponível é a incorporação deste conhecimento às habilidades do profissional como um dos ingredientes do que poderíamos chamar de "conhecimento tácito" do psicólogo. Pois bem, esta incorporação da teoria só acontece no bojo de um processo muito pessoal e em grande parte intransferível de experimentação e reflexão; nesta medida, nossa atividade profissional vai muito além da aplicação, constituindo-se em uma autêntica elaboração de conhecimentos mesmo que estes não se traduzam em textos, mesmo que permaneçam como conhecimentos tácitos incorporados às práticas do profissional na forma de um saber do ofício.

No entanto, para que o movimento construtivo possa se efetivar é necessário conservar aberto o lugar para a experiência, o lugar da alteridade, da negatividade, da transformação. Ora, a abertura e conservação deste espaço é tarefa da reflexão. A reflexão destina-se, no caso, a elucidar os limites de cada sistema, seja explicitando seus pressupostos, seja antecipando suas implicações e consequências, muitas vezes invisíveis a olho nu.

Muitas vezes se pensa que a principal função da atividade reflexiva no campo das teorias científicas seja a de investigar e, se necessário, questionar suas pretensões à verdade. Em outras palavras, muitas vezes se acredita que quem reflete sobre teorias e sistemas psicológicos deveria fazer perguntas tais como: como se deu e se dá a produção e a validação do conhecimento que se apresenta como sendo científico? quais os métodos e técnicas acionados na produção e validação do conhecimento, etc.?

Ora, em relação a este tipo de preocupação haveria duas coisas a considerar. Em primeiro lugar, a centralidade das questões epistemológicas no campo da cultura moderna e científica tem sido cada vez mais problematizada (RORTY, 1979; 1982; 1990). Observa-se em todo o pensamento contemporâneo um abandono progressivo e às vezes dramático do projeto fundacionista, ou seja, do intento de fazer repousar o conhecimento científico em bases sólidas e inquestionáveis, isto é, em alguma forma de conhecimento imediato e indiscutível tal como foram os projetos epistemológicos da modernidade, sejam os de inspiração baconiana, sejam os oriundos da tradição cartesiana. Ao contrário disso, já se torna quase consenso a aceitação de que não há tais fundamentos, de que não há conhecimentos imediatos, de que não há conhecimento sem pressupostos, sendo que estes podem ser explicitados, e é bom que o sejam, mas jamais serão verificados ou refutados. No máximo eles poderão ser avaliados em suas propriedades heurísticas, ou seja, na sua fecundidade e na sua eficácia.

Em segundo lugar, cabe assinalar que o abandono do projeto fundacionista e a ênfase na investigação dos pressupostos das construções teóricas e das práticas vêm a calhar para uma área como a nossa, marcada pela dispersão. Não creio, efetivamente, que a avaliação comparativa das teorias e dos sistemas psicológicos pudesse ser feita apenas ou principalmente no plano epistemológico. Não é possível nem faz sentido procurar saber quem é ou foi mais científico: Skinner, Piaget, Freud, Jung, Rogers? O que se passa é que os diversos sistemas de pensamento psicológico não visam os mesmos objetos, da mesma maneira, com os mesmos objetivos e de acordo com os mesmos padrões. As noções de "realidade", de "psiquismo", de "comportamento", etc. variam; igualmente varia o que se entende por "teoria", por "conhecimento" e por "verdade"; em decorrência, variam os critérios de avaliação do conhecimento e dos métodos e procedimentos adequados. Nesta medida tais divergências não se resolverão mediante pesquisas, já que qualquer pesquisa será efetuada a partir de seus próprios pressupostos. Chamo de "matrizes do conhecimento psicológico" (FIGUEIREDO, 1991) a estes grandes conjuntos de valores, normas, crenças metafísicas, concepções epistemológicas e metodológicas que subjazem às teorias e às práticas profissionais dos psicólogos. Coloco também no plano das matrizes o conjunto das implicações éticas que pertencem legitimamente ao mesmo campo de produção teórica e de práticas.

Aqui creio que seria oportuno deter-me um pouco no termo "matrizes". É preciso de início estabelecer algumas diferenças de nível: falando em "sistemas", em "escolas", em "facções" ou em "correntes" eu permaneço no nível manifesto, embora recortando de forma mais ou menos flexível, mais ou menos restritiva o meu material. É verdade que o termo "correntes" ao insistir na dimensão temporal se abre para uma passagem da apreensão das ideias tais como se mostram para uma apreensão das ideias na sua historicidade, na sua autogeração. No entanto, se o meu interesse é o de identificar pressupostos e implicações, eu necessito de um termo que me dê acesso a um nível que opera no registro do latente, do que age dissimuladamente. Os termos "paradigma" tal como empregado por Kuhn (1970), "episteme" tal como empregado por Foucault (1966; 1969), "bases metafísicas" tal como empregado por Burtt (1983), entre outros, dizem respeito exatamente a este nível que me interessava focalizar. Optei pelo termo "matrizes", que por sinal também veio a ser proposto por Kuhn (1974), para substituir o de "paradigmas" porque ele me pareceu o mais apto a falar do meu tema: o espaço psi como um espaço de dispersão que, apesar de tudo, não é um espaço de caos absoluto, pois possui uma organização subterrânea a partir da qual podem ser confrontadas, aproximadas ou contrapostas as correntes, as escolas, as seitas, enfim, todos os habitantes graúdos ou miúdos do espaço psicológico. As matrizes são geradoras; elas são fontes, elas instauram os campos de teorização e de ação possíveis, elas inauguram as histórias das psicologias.

No meu livro *Matrizes do pensamento psicológico* procurei oferecer um quadro panorâmico das psicologias contemporâneas organizado a partir de suas matrizes. O espaço não me permitirá estender-me sobre a questão. Apenas recordarei que lá denomino matrizes cientificistas a todas as matrizes a partir das quais a psicologia vem a ser concebida e praticada como ciência natural (de acordo, naturalmente, com os modelos de ciência natural disponíveis no século XIX); todas pressupõem a crença numa ordem natural e diferem apenas na forma de considerarem esta ordem; as psicologias geradas por estas matrizes seriam construídas como anexos ou segundo os modelos de outras ciências da natureza, como, por exemplo, a biologia. Como as demais ciências naturais, as psicologias estariam destinadas a fornecer um conhecimento útil para previsão e controle dos eventos psíquicos e comportamentais.

De outro lado, encontram-se as matrizes inspiradas no pensamento romântico de oposição ao racionalismo iluminista e ao império da matemática e do método: para elas o objeto da psicologia não são eventos naturais, mas são formas expressivas, ou seja, as ações, produtos e obras de uma subjetividade singular que através deles se dá a conhecer. Enquanto as psicologias engendradas por matrizes cientificistas propunham-se como conhecimento apto a previsões e controles e, nesta medida, se obrigavam a explicar os eventos psíquicos e comportamentais inserindo-os numa ordem natural, as psicologias engendradas a partir de matrizes românticas têm como meta compreender, ou seja, gerar conhecimentos aptos à apreensão das formas expressivas. A meta deste conhecimento seria a de ampliar a capacidade de comunicação entre os homens e de cada um consigo mesmo.

Destas matrizes românticas destacam-se as que eu denomino de pós-românticas. Nestes casos, o que observamos é o resgate da grande questão colocada pelas matrizes românticas, a questão da compreensão, aliado à renúncia à esperança de uma apreensão fácil e imediata do sentido. Para estas matrizes o sentido dos atos, dos produtos e das obras não coincide com as vivências que lhes correspondem, supõe-se que por trás dos sentidos haja outros sentidos e por trás destes haja processos e mecanismos geradores de sentido e que nada disso se dê espontaneamente à nossa consciência. Seria preciso, portanto, elaborar métodos e técnicas e critérios interpretativos que nos permitam ir além de uma compreensão ingênua e autocentrada dos outros e de nós mesmos.

III

Este panorama amplo do campo de dispersão, dentro do qual puderam ser situadas as escolas, sistemas, facções e correntes de forma a que pudessem ser mostradas suas inter-relações, suas familiaridades e seus antagonismos foi o saldo, espero, da elaboração das *matrizes*. Quero assinalar, mais uma vez, que não houve de minha parte, em nenhum momento, a intenção de julgar e muito menos de julgar epistemologicamente as teorias; meu objetivo foi sempre o de conservar a diversidade na unidade, tornando-a inteligível.

Este resultado, porém, não me satisfez completamente. É verdade que ele pode ser útil para o combate às tendências dogmáticas e ecléticas mais precipitadas, mas ele deixa em aberto a questão das opções, das escolhas. Aqui, novamente, creio necessário dar alguns esclarecimentos. Na verdade, depois de muita observação de mim mesmo, de colegas e de alunos, eu me permito duvidar de que os psicólogos possam realmente escolher suas teorias, métodos e técnicas. Creio que é totalmente ilusório imaginar que em algum momento tenhamos a isenção, o conhecimento e a liberdade para efetuar esse tipo de opção. Ao contrário, o que percebo é que somos escolhidos: somos como que fisgados, atraídos por uma trama complexa de anzóis e iscas, das quais algumas nunca serão completamente identificadas.

De qualquer forma, muito antes de nos darmos conta de que escolhemos já fomos escolhidos e, embora estas opções possam ser refeitas, haverá sempre algo que nos antecede e nos chama. Ora, o que uma reflexão acerca das matrizes do pensamento psicológico nos pode propiciar não será, portanto, uma escolha plenamente consciente e racional. O que podemos esperar, creio eu legitimamente, desta reflexão, é uma ampliação da nossa capacidade de pensar acerca do que acreditamos, acerca do que fazemos e de quem somos. Pois bem, uma compreensão dos sistemas e teorias no contexto de uma explicitação das matrizes do pensamento psicológico ajuda nesta tarefa reflexiva, mas não é suficiente. De uma certa forma, poderíamos mesmo dizer que ao nos defrontarmos com a diversidade conservada na unidade estamos apenas entrando em contato com o problema, mas não o estamos ainda resolvendo. É claro que entrar em contato é um primeiro passo indispensável, ao contrário das saídas dogmáticas e ecléticas que ao invés de favorecerem o movimento de problematização evadem-se deste contato negando, de uma forma ou de outra, a própria diversidade. Dado este primeiro passo, contudo, como prosseguir?

Meu caminho foi o de refazer o processo de gestação do próprio espaço psicológico para entender como e por que ao final do século XIX se abriu um campo no qual vieram a se instalar diversos projetos de psicologia que, apesar de suas diferenças, tinham em comum a pretensão de estabelecer a psicologia como uma área independente de saberes e intervenções *sui generis*. Em outras palavras, meu objetivo passou a ser o de compreender a história da constituição do espaço psicológico e de como este espaço se organizou em termos de lugares, cada lugar ensejando uma maneira de teorização e de exercício profissional. Tratava-se, enfim, de uma tarefa de *genealogia do psicológico*. O meu tema era vasto e de limites imprecisos; como circunscrever, de uma vez por todas, o conjunto de acontecimentos e dispositivos que contribuíram para a constituição de um campo de saber e de intervenção, com seus objetos e procedimentos próprios? Ao fazer a genealogia de qualquer tipo de identidade (aqui as identidades dos psicólogos e das psicologias) devemos começar colocando entre parênteses nossa crença na permanência infinita desta mesma identidade e de seus limites atuais. Com isso ficamos provisoriamente desnorteados. Aonde procurar? O que procurar? Uma coisa apenas era certa: havia que transgredir sistematicamente os limites do que hoje é reconhecido como pertinente ao campo psi, buscando nos mais variados discursos os elementos necessários à análise. Minha pesquisa caminhou então de forma exploratória. É certo que a questão já não é completamente nova e pude me valer de autores que antes de mim investigaram coisas parecidas. No caso, "coisas parecidas" eram todas as que diziam respeito às formas do homem ocidental moderno relacionar-se consigo mesmo, com seu destino, sua vida e sua morte, com os outros pequeninos e com os grandes outros: Deus, a sociedade, etc. Isto me levou para os terrenos da filosofia, da política, das ciências, da religião, das diversas áreas de manifestação artística e literária, etc. O projeto de pesquisa tentou abarcar alguns momentos que me pareceram mais significativos na história da modernidade ocidental desde o fim do século XV até o final do século XIX. O resultado deste trabalho, apresentado como tese de livre-docência em Psicologia Geral na USP e logo editado com o título de *A invenção do psicológico – Quatro séculos de subjetivação (1500-1900)*, é, creio eu, um passo adiante na tentativa de pensar o nosso espaço e nossa diversidade.

Ao longo dos quatro séculos estudados pude ir reconstituindo o processo de transformação nos modos de subjetivação no bojo do qual foram se criando as subjetividades nas quais e para as quais o chamado "psicológico" veio a se mostrar como uma dimensão decisiva tanto para experimentarmos como para pensarmos acerca de nossas experiências e de nossa existência. Pude também mostrar como no século XIX esta dimensão se constitui como um território organizado em torno de três polos – o modo ilustrado e liberal de subjetivação, o modo romântico e o modo disciplinar –, polos estes em permanente estado de conflito mas também formando alianças inesperadas e difíceis de captar. Finalmente, pude alinhavar argumentos que sugerem que os diversos sistemas e subsistemas teóricos em psicologia tornam-se inteligíveis desde os lugares que ocupam no espaço psicológico e desde as relações que daí entretêm com cada um dos polos acima mencionados. Ora, assim como o psicológico enquanto espaço *sui generis*, assim como os lugares que compõem este espaço e a partir de onde são elaboradas as diferentes possibilidades de viver e pensar a existência coletiva e individual fazem parte da história do Ocidente, da mesma forma os sistemas e escolas da psicologia contemporânea representam diferentes perspectivas para enfrentar os dilemas da modernidade, a chamada crise da modernidade. Crise esta que se caracteriza, entre outras coisas, pela falência dos modos modernos de subjetivação, sejam os de extração ilustrado-liberal, sejam os de extração romântica. Crise, enfim, que gerou e continua gerando tanto as demandas como as ofertas de psicologia.

Nesta medida, ao assumirmos um lugar determinado no espaço psicológico estaremos nos situando muito além do que seria o campo da psicologia, visto apenas como área específica de conhecimentos e práticas profissionais. Estaremos mesmo fazendo mais que apenas adotar, talvez sem a devida reflexão, crenças, normas e valores. Estaremos de fato nos posicionando diante dos destinos de nossa época. Longe de mim a intenção de reduzir uma prática profissional a qualquer modalidade de militância; não se trata, portanto, de promover tal ou qual forma de fazer e pensar a psicologia em termos de uma dada concepção do que seria "politicamente correto".

Trata-se, contudo, isto sim, de introduzir nas nossas considerações algo que via de regra escapa à formação convencional do psicólogo; trata-se de introduzir no campo das nossas cogitações uma discussão histórica, sociológica e filosófica acerca do mundo em que vivemos, das formas dominantes de existir neste mundo e de como as psicologias contemporâneas são modos de tomar partido em relação aos problemas da contemporaneidade.

Aí reside a dimensão ética das psicologias, dimensão sobre a qual há muito pouca reflexão, já que costumamos reduzir as discussões éticas a questões que me parecem triviais e formais. As verdadeiras questões éticas são, a meu ver, as que dizem respeito às posições básicas que cada sistema ou teoria ocupa no contexto da cultura contemporânea diante dos desafios que dela emanam. Para estas questões, como de resto para as questões verdadeiramente grandes, não devemos ter a esperança de respostas concludentes. Nossa obrigação, porém, pode e creio que deve ser a de mantê-las em aberto. Elas são, afinal de contas, as brechas nas nossas crenças e nos nossos compromissos através das quais pode se insinuar a alteridade; enfim são elas que nos podem conservar disponíveis para a experiência e para a renovação.

Referências

BURTT, E.A. *As bases metafísicas da ciência moderna*. Brasília: UnB, 1983 [Trad. J. Viegas Filho e Orlando A. Henriques].

FIGUEIREDO, L.C. *A invenção do psicológico* – Quatro séculos de subjetivação (1500-1900). São Paulo: Escuta/Educ, 1992.

_____. *Matrizes do pensamento psicológico*. Petrópolis: Vozes, 1991.

FOUCAULT, M. *L'archéologie du savoir*. Paris: Gallimard, 1969.

_____. *Les mots et les choses*. Paris: Gallimard, 1966.

KUHN, Th. Second thoughts on paradigms. In: SUPPE, F. (ed.). *The structure of scientific theories*. 2. ed. Illinois: Illinnois University Press, 1970.

_____. *The structure of scientific revolutions*. 2. ed. Chicago: Chicago University Press, 1970.

RORTY, R. *Science et solidarité*. Cahors: Éclat, 1990 [Trad. de Jean Pierre Cometti].

_____. *Consequences of pragmatism*. Minneapolis: University of Minnesota Press, 1982.

_____. *Philosophy and the mirror of nature*. Princeton: Princeton University Press, 1979.

2
Os lugares da psicologia*

Gostaria de iniciar agradecendo o convite para participar da abertura deste evento e a oportunidade de falar de um tema a que venho me dedicando há anos: trata-se da psicologia como área de saber e de atuação profissional; mais particularmente, trata-se de considerá-la como um espaço de dispersão teórica e prática que, ao mesmo tempo que conserva alguma unidade, abriga em seu seio uma pluralidade aparentemente caótica de ocupantes: refiro-me, obviamente, aos diferentes e muitas vezes antagônicos sistemas psicológicos.

A convivência forçada com esta multiplicidade somada à perda das esperanças de que a unidade doutrinária e metodológica pudesse vir a ser alcançada sem esforço e a curto prazo, se é que um dia foi alcançada, tem conduzido muitos psicólogos a uma procura de seus fundamentos – melhor dizendo, de seus pressupostos – e a um

---

* Palestra proferida inicialmente no 1º Encontro Mineiro de Ciências Humanas, Letras e Artes, em São João del Rey e reapresentada na abertura da Semana de Psicologia da Unesp, em Assis, em setembro de 1993.

empenho na reflexão em torno da história dos saberes psi e em torno de suas implicações no plano das práticas sociais. Faz parte desse movimento, hoje bastante generalizado, o trabalho que desenvolvi ao longo da década de 1980 e que veio a ser publicado em 1991 com o título *Matrizes do pensamento psicológico* (Vozes). Em seguida, enveredei por um outro caminho de pesquisa; tomando ainda como mote a problemática da psicologia contemporânea, passei a enfocá-la a partir de um outro ângulo, já anunciado no trabalho anterior: o do processo histórico de constituição do próprio espaço psicológico, espaço em que puderam ser formulados os projetos de psicologia como área *sui generis* de saberes e atividades; tratava-se, também, de ver como este espaço, na segunda metade do século XIX, se estruturou na forma de "lugares" que vieram a ser ocupados pelas diversas teorias, sistemas e modelos de atuação hoje disponíveis. Essa pesquisa foi publicada em 1992 com o título *A invenção do psicológico – Quatro séculos de subjetivação (1500-1900)* (Escuta/Educ).

    Hoje gostaria de retomar brevemente alguns aspectos deste trajeto, sublinhando algumas das conclusões a que me vi conduzido. Uma delas, talvez a mais importante, diz respeito ao meu progressivo desinteresse pelas chamadas questões epistemológicas (e metodológicas), pelo menos nos termos de uma versão *forte* da epistemologia; designo assim uma epistemologia que tome a si a responsabilidade pela normatização e a avaliação do conhecimento funcionando como uma espécie de rectora e juíza do conhecimento, que mereceria ser tomado como válido; paralelamente, minha atenção foi-se deslocando e se concentrando na dimensão ética das práticas e dos discursos psicológicos. Mas para me fazer entender será necessário passar, ainda que brevemente, por algumas considerações de ordem mais geral.

O projeto epistemológico da modernidade e a gestação do espaço psi

Nossa cultura ocidental esteve desde o século XVII até, pelo menos, meados do século XX obcecada com as "questões do conhecimento": mais precisamente, com a questão da *produção* e com a da *validação* das nossas crenças. Ora, a centralidade das questões epistemológicas e, em seguida, metodológicas na filosofia moderna não ocorreu por acaso nem foi sem consequências para o conjunto de nosso regime existencial.

Conviria, inicialmente, considerar o contexto histórico-cultural em que se instaurou o projeto epistemológico da modernidade como instância hegemônica e decisiva para a legitimação de todas as nossas crenças e fazeres. Através da luxuriante produção filosófica, científica, teológica, artística, musical e literária dos séculos renascentistas e, em particular, do século XVI[1], podemos vislumbrar um movimento que foi o da abertura de novos e infinitos espaços e perspectivas para a existência do homem. Mas, ao mesmo tempo, com a falência das "tradições históricas" (Feyerabend) e das formas de vida coletiva reguladas pelas tradições e pela obediência a autoridades intangíveis, assistimos também à perda de raízes e

---

1. Ver a propósito "Uma santa católica na idade da polifonia", em Figueiredo, L.C. *A invenção do psicológico* – Quatro séculos de subjetivação (1500-1900) (Escuta/Educ, 1992).

referenciais estáveis sobre os quais se pudessem assentar e desenvolver existências relativamente apaziguadas e protegidas de episódios catastróficos que colocassem em risco suas continuidades e suas identidades. Nesse contexto, o recurso às experiências subjetivas individualizadas e de caráter privativo passou a ser tanto uma *possibilidade* como uma *exigência* na tarefa de reconstruir crenças e regras de ação, valores e critérios de decisão seguros e confiáveis, já que os dispositivos da tradição não se mostravam mais aptos à manutenção e à legitimação das existências individuais e coletivas. O exercício cada vez mais frequente e indispensável deste capital autogerado e autoadministrado por cada um – o capital da consciência reflexiva – marcou e acentuou uma crescente separação entre cada sujeito e os seus objetos de exame e cogitação e entre os indivíduos e suas coletividades. Na verdade, os saberes da tradição e os modos coletivistas e hierárquicos de vida social, o que é designado pelo antropólogo Louis Dumont como "sociedade holista", não apenas haviam restringido o leque das perspectivas individualizantes, soldando estreitamente os indivíduos a seus grupos, como haviam enraizado profundamente dos homens a seus mundos, limitando o uso de procedimentos distanciadores e objetivantes, isto é, de procedimentos que separam nitidamente os sujeitos de seus objetos para que estes possam ser contemplados a uma certa distância e com o máximo de objetividade. Em contraposição, a dominância, tipicamente moderna, das tradições teóricas e epistemológicas, em que emergem e avultam as questões da fundamentação e do método, reflete uma nova posição do homem diante das coisas e no seio das coletividades: agora, cada vez mais entregue a si, cada indivíduo defronta-se com um mundo no qual já não se sente plenamente em casa e de onde lhe surgem fenômenos dotados de uma certa estranheza e que exigem o máximo empenho em procedimentos de controle: será esta a função das *representações claras e distintas* capazes de se integrar em *sistemas coesos* e aptos ao exercício do *cálculo* e às previsões exatas. O ideal de linguagem e, ao mesmo tempo, o pressuposto de todo este empreendimento representacional está contido no projeto de *matematização* absoluta e ilimitada do universo[2]: trata-se de matematizá-lo no plano do conhecimento porque ele é por princípio de natureza matemática.

Contudo, para converter o mundo num estoque de objetos representáveis, acumuláveis de forma sistemática, previsíveis, manipuláveis e exploráveis enquanto "recursos naturais", o sujeito da modernidade devia começar por impor a si mesmo a autodisciplina de um método. De fato, é próprio da modernidade que o homem se descubra não apenas senhor de direito de todas as coisas, mas que também se reconheça como fonte primordial de seus próprios erros e desatinos. Daí a necessidade de uma autodisciplina. Dessa disciplina esperava-se uma espécie de ascese: ao método caberia a tarefa de expurgar de cada sujeito tudo aquilo que o tornasse suspeito, não confiável, irregular e idiossincrático de forma a constituir a partir desta exclusão uma subjetividade purificada e elevada (ou reduzida) ao exercício da razão e da experiência na sua invariância e na sua universalidade. Do método, em outras palavras, esperava-se a constru-

---

2. Um aprofundamento dessas questões pode ser encontrado em diversos trabalhos de M. Heidegger tais como "L'époque des conceptions du monde", *Chemins qui ne mènent nulle part* (Gallimard, 1990) e "Science et méditation", *Essais et conférences* (Gallimard, 1986), entre outros.

ção de um *sujeito epistêmico pleno*, sede, fundamento e fiador de todas as certezas. Ora, esta plenitude implica numa exigência radical de autonomia, autotransparência, unidade e reflexividade. O sujeito epistêmico plenamente constituído deveria ser o sujeito plenamente consciente de si, coincidente consigo mesmo e senhor absoluto de sua consciência e de sua vontade, um sujeito qualificado para a função de fundamento autofundante dos sistemas representacionais e de assento seguro para o mundo das representações. Tratava-se, enfim, de produzir metodicamente um sujeito capaz de *trazer o mundo para diante de si (de representá-lo)*, de forma a poder contemplá-lo com toda a isenção e sem qualquer mediação interposta, livre, portanto, de qualquer risco de ilusão.

O método deveria, portanto, operar uma cisão: de um lado, uma subjetividade ascética e expurgada – a do conhecedor ideal –, de outro, tudo aquilo que comprometesse a confiabilidade do sujeito epistêmico, tudo que o tornasse variável, singular, desejante, padecente, afetável, em outras palavras, tudo que o *encarnasse* e o *mundanizasse* trazendo para ele as marcas da *finitude*; enfim, era preciso neutralizar tudo que o pudesse colocar na condição de fonte de suas próprias ilusões e encegue-cimentos. Não é difícil perceber que estamos falando da separação, a ser idealmente instituída pelo método, entre a *mente*, na sua suposta liberdade, e o *corpo*, na prisão dos seus determinismos naturais e condicionamentos sociais. Boa parte da história do projeto epistemológico moderno em suas sucessivas versões atesta o reiterado fracasso dessa cisão. Não obstante, esses fracassos não impediram que o projeto tivesse uma certa eficácia e que um dos resultados desta eficácia viesse a ser, algum tempo depois, a constituição do espaço psicológico[3]. No entanto, isto não ocorreu imediatamente e é preciso que prossigamos mais um pouco nesse breve histórico. No momento importa, ao contrário, compreender por que o caráter *subjetista* de todo o projeto epistemológico da modernidade – que pretendia fazer assentar no sujeito e nos seus poderes tudo que poderia haver de certo e seguro – não era capaz de gerar uma psicologia científica. De fato, embora tenha havido uma espécie de flerte do pensamento empirista desde o final do século XVIII e ao longo do século XIX com as questões da psicologia tal como hoje a entendemos[4], e embora tenha havido também um flerte ainda mais comprometedor do pensamento romântico com diversos temas privilegiados pelas psicologias do século XX[5], nada de semelhante às psicolo-

---

3. Colocando-se em um nível um pouco diferente, vale a pena ver, por exemplo, a interessante leitura comparativa que Françoise Carasso faz da medicina experimental de Cl. Bernard e Charcot e da terapêutica psicanalítica. Através dessa leitura a autora chega à hipótese de que os avanços de uma medicina científica sobre o corpo ajudaram a constituir e a delimitar o território próprio em que se instala uma investigação do sujeito do/ao sofrimento (Carasso, F. *Freud médecin*. Inserma/Actes Sud, 1992). Esta análise histórica pode ser refeita por qualquer um que se dedique à análise das relações entre a ordem médica e a escuta psicanalítica no contexto de um hospital geral. Da mesma forma, um *psicológico* se revela como o que é constituído pelo projeto epistemológico moderno e como o que o *ultrapassa e oferece resistência a ele*.

4. Ver a propósito o excelente capítulo III de *La filosofia de la ilustración*, de E. Cassirer (Fondo de Cultura Económica, 1984; há tradução brasileira pela Unesp). Ver também de P. Gay, *The enlightenment* (The Norton Library, 1977).

5. Para o aprofundamento desse ponto dispomos dos diversos tomos da obra enciclopédica de Georges Gusdorf dedicados ao Romantismo: *Naissance de la conscience romantique au siècle des lumières* (1976), *L'homme romantique, Fondements du savoir romantique* (1982), *L'homme, Dieu, la nature dans le savoir romantique* (1985), *Les sciences humaines dans le savoir romantique* (1986), publicados pela Editions Payot.

gias contemporâneas poderia se constituir enquanto a supremacia do sujeito epistêmico e a viabilidade da cisão metodicamente efetuada na esfera da subjetividade não fossem radicalmente postas em questão: o sujeito epistêmico é visceralmente avesso ao olhar psicológico[6]; este, por sua vez, como veremos adiante, vai-se caracterizar pelo projeto de *desvendar exatamente o avesso do sujeito supostamente pleno*. O que se pode afirmar, contudo, é que tenha ocorrido como que uma gestação marginal do espaço psi na esteira da tradição epistemológica. De um lado, a psicologia não teria surgido como área independente de saberes e cuidados se não se tivesse instituído uma radical cisão corpo-mente em que esta se convertia numa realidade *sui generis* a atrair atenções especiais[7]. De outro, é fácil perceber que o *lugar do excluído* ou *do expurgável* pelo método, que se constituía como o negativo do sujeito pleno e que retornava na forma de sintomas e mal-estar, veio a ser precisamente o território de eleição de todas as psicologias. Em outras palavras, a psicologia nascerá de um processo histórico-social que, simultaneamente, instituía cisões na experiência subjetiva e fracassava na manutenção destas mesmas cisões.

6. Em outro trabalho, "A militância como modo de vida. Um capítulo dos (maus) costumes contemporâneos" (*Cadernos de Subjetividade, 2:* 205-216 (1993), desenvolvi este argumento enfocando uma das encarnações mais *encarniçadas* do ideal de sujeito soberano, o de *militante*, e sua espessa resistência ao olhar e à escuta psicológica.
7. Em outro trabalho, "O silêncio e as falas do corpo", mostro como esta cisão é tipicamente moderna e não se confunde com algumas posições antigas e medievais em que se opunham *razão* e *desejo* ou *espírito* e *carne*. A esta palestra proferida no simpósio "Corpo e mente: uma fronteira móvel" promovido pela Sociedade Brasileira de Psicanálise de São Paulo, o leitor interessado poderá recorrer para uma elaboração mais detalhada deste tema.

As vicissitudes do projeto epistemológico e a invenção do psicólogo

O que assistimos a partir da segunda metade do século XIX, embora já se anunciassem fenômenos congêneres desde muito antes, é a perda da vigência do sujeito como fundamento autofundante das representações verdadeiras; ou seja, torna-se cada vez mais difícil conservar nas virtudes ascéticas de qualquer método que tenha como missão constituir um sujeito plenamente senhor de sua própria consciência e vontade, capaz de uma disciplina estrita e de uma objetividade sem mácula. Há uma série de razões históricas (fatores econômicos, políticos e sociais) associadas ou determinantes dessa crise no processo de subjetivação, crise que põe em questão o que durante alguns séculos foi o ideal dominante do *vir-a-ser-sujeito*: o ideal de um sujeito autônomo e unificado. Inevitavelmente, uma perturbação de tal monta nas condições e vias da subjetivação moderna implica, mais cedo ou mais tarde, na falência do projeto epistemológico e na abertura de um espaço *sui generis* para as psicologias[8]. Este é o contexto psicossocial em que emergem pensadores como Nietzsche, Bergson e os pragmatistas americanos. O impacto dos pensamentos desses filósofos, alguns mais contundentes que outros, somou-se às incidências dissolventes das psicologias ditas científicas e das ciências sociais no campo epistemológico gerando

---

[8]. Isto de forma alguma significa o desaparecimento destes valores, o que é atestado pela permanência de fortes vestígios da ideologia liberal no mundo contemporâneo, e é esta ideologia a verdadeira guardiã deste ideal de autonomia individual. O que se passa contudo, como veremos à frente, é que estes vestígios não sobrevivem sem o amparo de alianças espúrias com elementos contraditórios. Que se pense, muito simplesmente, nas alianças entre liberais e "linha dura" que marcaram a história recente do neoliberalismo no Brasil e no mundo.

variadas versões de *naturalismos e historicismos*. Os revides epistemológicos a esses ataques, que grosso modo implicavam na *perda de autonomia do sujeito epistêmico, na sua encarnação natural e na sua mundanização histórico-social, enfim, no reconhecimento da sua finitude*, não se fizeram esperar: o positivismo lógico, e, mais ainda, a fenomenologia husserliana nasceram com a finalidade de resgatar o projeto epistemológico da modernidade e recuperar para o conhecimento a sua força de convicção abalada por toda sorte de ceticismo naturalista e historicista. Gera-se, desde então, um radical malentendido entre epistemologias e psicologias. Tudo se passa como se as epistemologias estivessem ainda no pleno exercício de suas velhas funções legislativas e judiciárias, ocupando uma posição altiva e sobranceira para de lá nos dizerem como e por que meios o conhecimento pode se constituir como conhecimento válido; no entanto, de fato, elas estão historicamente na defensiva: nem as ciências mais consolidadas precisam delas para sua legitimação, que se dá cada vez mais no plano da eficácia tecnológica, nem o modo de subjetivação que sustentava os projetos epistemológicos conserva sua vigência e credibilidade diante dos saberes psico e sociológicos. No entanto, continua-se frequentemente assistindo a um patético pedido de reconhecimento e legitimação por parte das chamadas ciências humanas, dirigido, nem mais nem menos, a quem vê seu espaço e seu tempo invadidos por novos modos de pensar o sujeito, oriundos precisamente das mesmas humanidades. Quando não procuram se sujeitar aos veredictos da epistemologia em alguma das suas versões contemporâneas, as ditas ciências humanas vão frequentemente se empenhar em patéticas tentativas de elaborar uma "epistemologia própria". O que parece realmente estar faltando é uma compreensão do radical desencontro histórico entre o projeto epistemológico moderno e os novos saberes psico e sociológicos: os segundos entram em cena no exato momento em que o primeiro fraqueja e esta entrada em cena não só testemunha, mas apressa o declínio do modo de subjetivação que poderia sustentar uma cultura regulada pelo ideal epistemológico.

No miolo deste mal-entendido, o que se passa em torno da psicanálise é paradigmático. Provavelmente, nenhum dos outros saberes contemporâneos expressou melhor e mais profundamente a falência do sujeito da modernidade com suas pretensões de autonomia, reflexividade e autocentramento. Nenhum sistema teórico foi mais longe que a psicanálise no descrédito do autodomínio, no descentramento e na dissolução da unidade do sujeito, na impugnação da suposta transparência de sua consciência, na contestação da força de sua vontade, etc. Não obstante, desde Freud até os dias de hoje, uma preocupação da psicanálise tem sido a de ser reconhecida como ciência diante de algum tribunal epistemológico. Submete-se de bom grado e *sponte sua* às mais implacáveis condenações – venham elas dos positivistas lógicos, venham dos popperianos, venham, enfim, de qualquer das inúmeras versões remanescentes da velha epistemologia – sem se dar conta de que o que lhe cabe não é particular desse martirizante lava-pés, mas contrapor a sua compreensão da subjetividade às visões ingênuas e idealizadas de subjetividade que impregnam em maior ou menor medida os pensamentos epistemológicos. O que se discute em torno do estatuto do conhecimento psicanalítico deveria nos servir de lição, de forma a abandonarmos definitivamente esta posição deferente e defensiva que, historicamente, não é a nossa.

Quando da elaboração do livro *Matrizes do pensamento psicológico* eu já percebia as dificuldades de lidar com os corpos doutrinários disponíveis na nossa área a partir de qualquer uma das *versões fortes* da epistemologia, vale dizer, de qualquer versão que conservasse as pretensões legislativas e judicativas sobre nossos procedimentos e nossas crenças. Já, então, percebia que havia entre as teorias psicológicas suficientes diferenças quanto aos pressupostos ontológicos e quanto aos pressupostos epistemológicos – ou seja, quanto às compreensões prévias do que é a realidade a ser estudada e de como produzir sobre ela algum conhecimento – para que se tornasse inviável e sem sentido a tarefa de submeter o conjunto dessas doutrinas a critérios e normas que se justificariam cabal e legitimamente, apenas para algumas delas. Nessa medida, não fazia sentido querer decidir uma questão do tipo: quem é mais científico, Rogers ou Jung? Ou uma outra questão tal como: quem faz verdadeiramente psicologia, Piaget ou Skinner? Em outras palavras, é preciso reconhecer que nem temos uma delimitação unívoca do campo, uma compreensão partilhada do que é fundamentalmente nosso objeto, nem, muito menos, há entre nós consenso sobre como gerar e validar conhecimentos. De fato, não há nem mesmo consenso quanto ao que é *conhecer*. Contudo, o que inviabilizava definitivamente o recurso a uma epistemologia forte tinha a ver com a própria natureza do campo: a elaboração dos saberes psicológicos impõe desafios irrespondíveis a uma epistemologia que pretenda se fundar numa completa separação entre um sujeito plenamente sujeito (pura atividade) e um objeto puramente objetivo (pura passividade); ou seja, o campo próprio das psicologias é o que, do ponto de vista epistemológico, teria o estatuto de *dejeto* do expurgo operado pelo método no processo de constituição de um sujeito purificado[9]. A consideração dessas dimensões supostamente descartáveis e *excluídas* da subjetividade como dignas de estudo, o reconhecimento de sua força e eficácia incontornáveis e incontroláveis são incompatíveis com a manutenção da crença numa subjetividade supramundana, desencarnada e infinita, capaz de contemplar desinteressadamente seus objetos.

Foi preciso, então, recolher-me à trincheira de uma *epistemologia fraca*, ou seja, de uma epistemologia cuja tarefa estaria limitada à elucidação das condições de possibilidade das diferentes teorias, procurando essas condições nos seus pressupostos implícitos. Mediante essa operação hermenêutica foi possível descobrir, ou introduzir, uma certa ordem submersa ao caos aparente – esta ordem aparecia no desenho formado pelas *matrizes do pensamento psicológico* a partir das quais são engendradas as teorias e sistemas hoje disponíveis; a partir dessa ordem era possível reagrupar e confrontar teorias, descobrindo, por exemplo, entre elas afinidades insuspeitáveis e oposições imprevisíveis.

Embora este trabalho me tenha trazido um razoável ganho em termos da compreensão da área, ele ainda me parece bastante insuficiente. A compreensão conquistada era, sem dúvida, útil tanto para justificar uma atitude tolerante e não dogmática diante das teorias como para

---

[9]. Sou também levado a pensar que aos psicólogos cabem os *dejetos* quando reflito não mais a partir de considerações culturais mais amplas, mas a partir dos lugares que são assignados aos psicólogos em muitos ambientes físicos e em muitos espaços imaginários. É interessante ver, por exemplo, como a *ordem médica*, a *ordem escolar* e a *ordem do trabalho* geram elas mesmas um "lixo" que é encaminhado ao psicólogo para uma eventual "reciclagem".

evitar um ecletismo fácil e irresponsável. Em outras palavras, tanto se vedava a pretensão de alguém se arvorar em único e legítimo representante da psicologia científica – descartando tudo o mais como ou não científico ou não psicológico – como se vedavam combinações indigestas entre corpos doutrinários cujos pressupostos estavam em franca oposição uns aos outros. O que ficava em aberto, porém, era a questão da escolha e da avaliação.

É bem verdade que a questão da escolha é, em parte, uma falsa questão. Os movimentos de aproximação e afastamento que os psicólogos e estudantes de psicologia realizam diante das teorias e sistemas psicológicos estão muito distantes do que poderia ser chamado de "escolha". Na verdade, o que parecia estar ocorrendo nestes casos é atração e repulsão acionadas por afinidades e simpatias que dizem mais de ressonâncias afetivas do que de exercício racional. É como se, muito antes de estarmos em condições de escolher, já tivéssemos sido escolhidos, como que fisgados por dimensões muito pouco visíveis e objetiváveis das teorias nas suas relações subterrâneas com aspectos também obscuros de nós mesmos. No entanto, mesmo que a escolha seja sempre, em primeira instância, algo ilusório não estamos dispensados de refletir sobre ela, de entendê-la, na medida do possível; não estamos dispensados, enfim, de nos posicionar e nos justificar. Ora, se as epistemologias fortes não se sustentam, e apenas delas poderíamos esperar algum critério de decisão, a epistemologia fraca exercida, por exemplo, nos estudos das matrizes, não é, por definição, capaz de nos conduzir a escolhas nem a justificativas racionais *a posteriori*. Será, então, que o abandono do projeto epistemológico moderno e das versões normativas da epistemologia nos deixaria imersos na indecisão e na impossibilidade completa de justificar racionalmente nossas opções teóricas e práticas? É nesta conjuntura que a dimensão ética dos discursos e práticas das psicologias emerge como o plano no qual uma nova racionalidade poderá ser exercida.

Uma cultura pós-epistemológica e os lugares da psicologia

A transição de uma cultura regida pelo tribunal epistemológico para uma cultura em que a ética assume uma posição central vem sendo marcada por empreendimentos filosóficos de variadas procedências; temos aí desde os trabalhos de Wittgenstein, das décadas de 1930 e 1940, aos de Heidegger, para tomar apenas alguns extremos (que em vários aspectos se tocam...). Um pensador contemporâneo e em plena atividade como Richard Rorty vem se notabilizando seja pela crítica explícita ao epistemologismo da modernidade, seja pela procura de um referencial ético inspirado tanto nas obras dos velhos pragmatistas, em especial John Dewey, como na de autores como Heidegger, Wittgenstein, e outros (por exemplo, Nelson Goodeman)[10]. Entre os autores franceses, Foucault, Deleuze e Derrida participam de variados modos desse mesmo processo. Na Alemanha, a Escola de

---

10. Rorty, independentemente de concordarmos com suas teses e suas interpretações, é, atualmente, uma referência obrigatória no estudo dessa virada cultural, inclusive porque ele está, permanentemente, se reportando a todos os principais autores que tratam dessas questões. Recomenda-se a leitura de *Philosophy and the mirror of nature* (Princeton University Press, 1979); *Consequences of pragmatism* (Minnesotta University Press, 1982); *Objectivity, relativism and truth* e *Essays on Heidegger and other* (ambos pela Cambridge University, Press, 1991 e 1991a).

Frankfurt e, em particular, as obras mais recentes de Habermas e K.-O. Appel tomam, em linhas gerais, uma direção semelhante, embora ainda mais comprometida com alguns ideais da modernidade.

O que, no conjunto, caracteriza este multifacetado movimento – que não comporta nenhuma síntese fácil e ao mesmo tempo fiel – é, fundamentalmente, a superação da hegemonia do *pensamento representacional* e da noção de *verdade por adequação* ou *correspondência*. As linguagens – tanto as teóricas e especializadas como as cotidianas – deixam de ser concebidas como meros instrumentos para a representação, mais ou menos fiel, de uma realidade para se converterem em *dispositivos constitutivos da experiência*. Há, entre os autores mencionados, posições mais nitidamente *construtivistas* do que outras; há diferenças significativas também quanto ao estudo da linguagem e – mais ainda – quanto ao estatuto da fala e de suas implicações ontológicas; contudo, que as linguagens, e principalmente as línguas no seu uso, enquanto falas, sejam o *meio universal da experiência*[11] na qual objetos e sujeitos se constituem – vindo a ser – e se encontram uns com os outros, não achando estes autores nenhuma oposição.

Ora, é a *eficácia constitutiva da fala* que dá a todas as línguas – a todos os *jogos de linguagem* – uma dimensão ética: por exemplo, cada uma das diferentes doutrinas psicológicas – independentemente do que delas

---

11. Acerca dessa noção e de suas amplas repercussões em diversos problemas clássicos da filosofia e da cultura, recomenda-se a leitura de M. Kush, *Language as calculus vs. language as universal medium. A study on Husserl, Heidegger and Gadamer* (Kluwer Academic, Publishers, 1989).

pode derivar em termos tecnológicos, embora este aspecto não seja negligenciável – não é basicamente um modo de representar o psicológico, mas um dispositivo apto a *propiciar, configurar, formar e constituir* tanto os homens como seus mundos – suas moradas, tanto os sujeitos como seus objetos, tanto as experiências sociais como as experiências privadas e "subjetivas" de cada indivíduo; são, em outras palavras, *instalações do humano*.

Contudo, o reconhecimento de que a cada doutrina corresponde um *ethos* – uma morada e um destino para o homem – não é suficiente para uma avaliação ética das psicologias. É necessário para tal que as teorias e sistemas sejam compreendidos no e pelo lugar que ocupam no espaço sociocultural contemporâneo.

O espaço psicológico e os lugares das psicologias

Na reconstituição que empreendi dos modos de subjetivação modernos desde o final do século XV até o final do século XIX fui acompanhando e procurando descrever alguns dos momentos da gestação do espaço psicológico tal como hoje ele se mostra a nós: *ele se mostra como o conjunto daqueles aspectos da "experiência" que de uma forma ou outra sendo, ao longo da história, excluídos do campo das representações identitárias que elaboramos sobre nós mesmos tanto para nos apresentarmos aos outros como para nosso próprio uso*. Tratava-se, assim, de realizar uma espécie de *genealogia do psicológico*; para tal foi preciso partir do século XVI e das suas ricas experiências de abertura do campo existencial, mas, também, dos múltiplos ensaios de reformas ordenadoras incidindo nas esferas política, teológica, artística, científica, e ainda nos planos dos costumes e modos de civilidade, entre outros; passar, em seguida, pelas vias dominantes de construção de identidades e representação de si (individuais, coletivas e nacionais) e pela crescente separação entre as esferas pública e privada da existência, nos séculos XVII e XVIII; acompanhar o progressivo amadurecimento da esfera privada, mas também a penetração e o aprofundamento dos controles públicos, até chegar no século XIX à formação do que denominei "o território da ignorância".

O que vai caracterizar este território, no qual ainda hoje estamos plantados, é a presença conjunta de três polos ou *eixos axiológicos* balizando e modelando os processos de constituição das subjetividades: há um polo representado pela plataforma *Liberal*, em que dominam as exigências e os valores de uma identidade claramente estabelecida, autônoma, autocontida e autotransparente[12]; há um outro polo representado pela plataforma *Romântica*, em que dominam as exigências e valores de espontaneidade impulsiva, autenticidade, singularidade e inserção orgânica nos movimentos das forças naturais e históricas[13]; e, ainda, um terceiro polo representado

---

12. Trata-se aqui dos vestígios da modernidade na sua forma dominante, a do individualismo ilustrado.

13. Temos aqui a presença de uma outra versão da modernidade, que floresce em resposta aos fracassos do liberalismo no cumprimento de algumas das promessas e exigências contidas no projeto cultural do Ocidente moderno. O modelo de subjetivação romântico retoma pela raiz o impulso na direção da autonomia do sujeito desvinculando-a, porém, dos limites impostos pelo individualismo liberal. A noção de *gênio* do romantismo condensa esta nova versão da modernidade: o gênio é singularidade, espontaneidade e impulsividade em estado puro, postas à disposição da criação autônoma (o gênio cria segundo suas próprias leis); contudo, esta singularização extremada, ao invés de marcar uma separação, testemunha e propicia a imersão do gênio no fluxo das forças naturais e históricas, tornando-o um porta-voz da espécie e do seu tempo.

Da epistemologia à ética

pelas novas técnicas de poder, sejam as que se aplicam molecular e calculadamente sobre cada indivíduo na sua pretensa independência (trata-se do poder racionalizante, administrativo e burocrático), sejam as que se aplicam à docilização das massas (trata-se aqui do poder carismático); para este conjunto de procedimentos adotei o nome de *Disciplinas*[14]. O que há de tipicamente contemporâneo neste espaço é a dominância disfarçada mas progressiva do eixo disciplinar sobre os dois outros que ora se aliam para dar combate às disciplinas, formando, por exemplo, os movimentos de contracultura, ora se aliam a elas de forma quase sempre camuflada[15]. Ora, o que importa é ver que entre estes polos formam-se relações ambíguas marcadas por alianças e conflitos. Em uma análise mais detalhada seria possível mostrar como cada um desses eixos subsiste apenas nas suas relações ambivalentes com os dois outros. Ocorre que este padrão autocontraditório estabelece como que um *interdito cognitivo*: desde qualquer um dos lugares possíveis desse espaço haverá sempre partes do território que se conservarão na sombra.

É neste contexto que o *psicólogo* se mostrará como o *impensável*, como o que opera no registro subterrâneo da exclusão, tanto como o *excluído* quanto como o *excludente*, vale dizer, como o que resiste ativamente a uma incorporação ao universo das identidades e repre-

---

14. Termo que me veio da leitura de Foucault (*Vigiar e punir*. Vozes, 1977), embora seja aqui adotado com um escopo um tanto diferente.
15. Em relação a isto, conviria aprofundar a análise dos fenômenos da *sociedade administrada* peculiar às democracias ocidentais – em que disciplinas e liberalismo estão articulados – e dos fenômenos totalitários – em que se assiste à articulação das disciplinas com o eixo romântico. Para tal, porém, seria necessário ocupar um espaço que extrapola o de uma nota de pé de página.

sentações. Os lugares que compõem este espaço e de onde emergem os processos contemporâneos de subjetivação devem ser vistos, assim, como soluções de compromisso entre os três polos; desde cada um destes lugares gera-se tanto uma *identidade* como um *inconsciente*; vale dizer, constitui-se um campo de representações possíveis e um conjunto de aspectos que se mantêm fora do campo da representação e do experimentável – são aspectos silenciados (mas cujas vozes acabam se fazendo ouvir e são interpretadas, por exemplo, no discurso moral como "vício" e no discurso médico como "sintoma")[16]. O *"psicológico" constitui-se, portanto, como um metafenomenal que detém o segredo das condições e dos outros sentidos daquilo que se dá e se configura na experiência.* Por metafenomenal estou designando, então, aqueles aspectos que, embora constitutivos da experiência, não se mostram na própria experiência e nem devem ser buscados a partir da experiência, mas para além dela. Cabe aos psicólogos, em primeiro lugar, ter os olhos para ver e, no caso da clínica, os ouvidos para escutar este interditado[17]. Será preciso, também,

---

16. Tanto o *vício* como o *sintoma psicogênico* só se tornam possíveis como positividades nas condições estabelecidas pelo quadro de alianças e conflitos que envolvem liberalismo, romantismo e disciplina; mais particularmente, eles representam a irrupção de um elemento romântico, impulsivo e compulsivo desarticulando as alianças civilizadas com os polos liberal e disciplinar. Uma análise sugestiva da constituição histórica da positividade do vício e da *dependência* pode ser encontrada no livro *As transformações da intimidade*, de A. Giddens (Unesp, 1993).

17. Esta escuta do interditado é ainda mais exigida quando, tal como ocorre no Brasil e em particular no atendimento a uma população que está apenas ingressando na modernidade e ainda conserva-se enraizada numa cultura pré-moderna, o que não tem voz audível pelo ouvido institucionalizado é tudo o que provém daquela cultura e que não se encaixa no quadro de demandas e serviços legitimados pelas instituições moder-

elaborar uma linguagem que nos remeta a este metafenomenal: esta será a tarefa das *metapsicologias*[18], cujos discursos metafóricos, inevitável e indispensavelmente "estranhos" à experiência, fazem o excluído irromper no campo do experimental.

Isto nos conduz, na análise das teorias e sistemas psicológicos, a uma segunda solução de compromisso: além de ocupar um lugar preciso no espaço da ignorância, no espaço psicológico, tal como qualquer identidade que aí se engendre, uma teoria psicológica deve ser capaz de estabelecer uma ponte entre o fenomenal e o "seu" metafenomenal, ou seja, *partir da experiência imediata, mas não se deixar fascinar por ela, enveredando pela busca das condições de possibilidade e dos sentidos ocultos da experiência imediata* (Figueiredo)[19]. Em outras palavras, em cada teoria da psicologia devemos, primeiramente, procurar as alianças e conflitos básicos entre Liberalismo, Romantismo e disciplinas; contudo, devemos, além disso, investigar como ela vislumbra e propõe o *trânsito* entre o campo das representações e das experiências em que alguém pode se reconhecer e o campo do vedado, resistente e obscuro a esta mesma existência. Será a solução específica que uma dada teoria psicológica consegue articular neste contexto que irá definir o seu *ethos*, ou seja, *a morada que oferece ao homem neste final de século.*

---

nas. Nestes casos, porém, há um risco de psicologizar e patologizar o excluído; para evitá-lo é preciso que a escuta do psicólogo tenha sido formada também nos campos da antropologia e da sociologia.
18. Estou usando aqui o termo "metapsicologia", proveniente da psicanálise freudiana, para designar todos os discursos que nos remetem ao metafenomenal, tais como podem ser encontrados em muitas outras das correntes da psicologia contemporânea.
19. Figueiredo, L.C. *Psicologia – Uma introdução* (Educ, 1991).

Há, portanto, uma duplicidade na questão ética: por um lado há que se considerar no compromisso entre os valores *liberais, românticos* e *disciplinares* consagrados pela teoria psicológica em exame a forma precisa das alianças e das exclusões e os pesos relativos de cada ingrediente. Este compromisso se refletirá, em análise, na sua compreensão básica do que seja o campo metafenomenal[20]; as *matrizes do pensamento psicológico* podem, portanto, ser repensadas a partir destas considerações, já que elas são as fontes de onde provêm e a partir de onde se configuram as teorias que enfocam o campo metafenomenal nas suas relações com o campo da experiência.

Com isso, poderemos avançar na identificação do *ethos* da teoria, mas ainda não estaremos preparados para uma avaliação ética. Para tal, há também que atentar para, de uma parte, como se efetua o *reconhecimento* e o *acolhimento da experiência tal como se dá ao sujeito*, e, de outra, como se cumpre a tarefa de *desconstrução do reino das identidades* e das *representações desde o ângulo do metafenomenal tal como teorizado*. Esta seria a tarefa desilusionadora das psicologias.

Podemos identificar facilmente duas formas contrastantes de renunciar a esta tarefa. Por um lado, uma teoria psicológica incapaz de estabelecer contato com o campo fenomenal contribui claramente para a desqualificação das experiências e, assim, para a *desautorização dos sujeitos*; isto implica, portanto, uma certa legitimação

---

20. Por exemplo, o metafenomenal pode ser tomado como *condições organísmicas* (abrindo o campo das psicobiologias), como *condições ambientais*, como *significados latentes*, etc. e em cada caso os ingredientes excluídos do território da ignorância poderão promover diferentes concepções do metafenomenal.

das formas de poder disciplinares que sobre eles incidem. Esta parece ser, por exemplo, a tendência dominante nos *behaviorismos*, cuja índole disciplinadora não escapa a um observador atento. Em contraposição, uma teoria que conceda à experiência um acolhimento pretensamente integral, mas que seja incapaz de nos colocar em contato com o que, do ponto de vista dessa experiência e desse lugar, permanece como *o seu impensável*, claramente contribui para a conservação das ilusões narcísicas, sejam as da autonomia liberal, sejam as da espontaneidade e da singularidade românticas – esta me parece ser a tendência dominante das psicologias autoproclamadas *humanistas* e *"fenomenológicas"*[21].

Se os lugares das psicanálises[22] me parecem paradigmáticos do que podem ser as novas *moradas do homem*, é porque vejo em todas elas, para além de suas diferenças doutrinárias, um movimento permanente de *trânsito* entre o fenomenal e o metafenomenal, entre o que se mostra e o que resiste, entre a representação e seus avessos (suas condições e seus outros sentidos), entre as identidades e seus subterrâneos, entre o discurso clínico

---

21. Esta denominação, diga-se de passagem, quase nunca corresponde a um uso preciso do termo e muito menos à adoção de uma perspectiva husserliana ou de algum dos seus derivados. De qualquer maneira, é discutível que uma psicologia estrita e exclusivamente fenomenológica, no sentido de Husserl, pudesse se encarregar das tarefas que a configuração cultural contemporânea assigna à psicologia.
22. O espaço não permite uma exposição cabal dessa ideia; que fique pelo menos registrada a hipótese de que as diferentes escolas psicanalíticas diferem, fundamentalmente, pelo fato de ocuparem lugares distintos no território da ignorância. Não obstante, elas ainda se distinguem das outras correntes do pensamento psicológico pelas razões que serão dadas logo a seguir.

e o discurso metapsicológico[23]. Nas psicanálises o *psicológico* terá sempre e assumidamente esta *fisionomia bifronte* em que se reconhecem os compromissos simultâneos com o plano da experiência e com os planos de suas condições e outros sentidos e, mais profundamente, o compromisso simultâneo com o "plano do significado" e com o das "forças", sem qualquer possibilidade de que estas oposições e heterogeneidades possam ser magicamente resolvidas ou ignoradas[24].

---

23. Numa obra ainda pré-psicanalítica como o *Projeto de psicologia para neurólogos*, Freud já explicitava uma compreensão das exigências a que uma psicologia científica devia satisfazer: esta, "além dos resultados que possa obter do ponto de vista da ciência natural, deve satisfazer um requisito fundamental. Com efeito, terá de nos explicar tudo o que já conhecemos, de maneira enigmática, através de nossa 'consciência'; e uma vez que essa consciência nada sabe do que até agora estivemos pressupondo – quanto a quantidades e neurônios – também terá de nos explicar essa falta de conhecimento". Embora Freud neste texto se refira aos *subterrâneos fisiológicos*, a mesma exigência se aplica a toda a espécie de acessos da consciência: eles precisam nos ajudar a entender tanto o alcance como os limites do experimentável. A respeito dessa ideia de um trânsito permanente entre discursos clínicos e metapsicológicos vale a pena assinalar que não se tratará jamais de um trânsito fácil e fluente, mas que, ao contrário, inevitavelmente haverá trombadas e descarrilhamentos decorrentes da própria natureza das coisas tal como modela esses dois níveis de fala. Ver E. Wallwork. *Psychoanalysis and ethics* (Yale University Press, 1991), em especial "The hermeneutical problem of reading Freud", p. 19-48.

24. É esta heterogeneidade irredutível entre *significado* e *forças* (pulsões), entre o campo das representações e um "não-representável" que faz do *inconsciente* freudiano realmente uma ruptura com toda a tradição da filosofia do sujeito, da consciência e da representação – de que a fenomenologia husserliana parece ter sido o derradeiro momento. Ver a respeito o elucidativo trabalho de M. Henry, *Ricoeur et Freud: entre psychanalyse et phénoménologie*. In: J. Greische & R. Kearney (orgs.). *Paul Ricoeur – Les métamorphoses de la raison herméneutique* (Éditions du Cerf, 1991, p. 127-143). Há também boas indicações acerca dessa heterogeneidade em um texto de L.A. Garcia-Roza que aponta para um "lugar das pulsões" fora do "espaço das representações"; nesta medida,

Aqui reside, creio eu, uma plataforma básica para a elaboração de uma ética na medida dos novos modos de subjetivação: é *melhor* uma teoria que teorize a *cisão* – do que uma que nos mantenha na ilusão de uma unidade do sujeito e de uma soberania e transparência da consciência – e é *melhor* uma teoria que teorize e propicie o *trânsito* – *ao invés de uma que se estabeleça rigidamente em um dos lugares disponíveis, impedindo-se o contato com todos os impensáveis que deste lugar são constituídos.*

o lugar das pulsões estaria para além do próprio inconsciente, pelo menos na leitura lacaniana do autor, em "A desnaturalização da psicanálise". *Revista de Psicologia e de Psicanálise*, 3: 67-81. C.S. Katz, numa leitura não lacaniana de Freud, em *Freud e as psicoses* (XENON, 1994), também acentua a heterogeneidade do aparelho psíquico e a irredutibilidade das pulsões ao campo dos significados e representações.

3
Quem é o psicólogo clínico?*

Creio que poderíamos tomar como ponto de partida um fenômeno inúmeras vezes descrito: a dominância da clínica tanto nas representações sociais do psicólogo como nas preferências dos estudantes de psicologia. A esta dominância corresponde o elevado *status* do clínico em comparação com as outras "identidades profissionais" do psicólogo. A questão é: será que isso está completamente equivocado e é um modismo, resultado de preconceitos ou de simples ignorância, etc.? Contrariando as respostas mais usuais, eu tentarei aqui dizer que não, que isto é compreensível e de uma certa forma é justo.

No entanto, para que a minha posição possa ser entendida seria necessário começar desfazendo algumas confusões a respeito do psicólogo clínico e da clínica psicológica.

A primeira confusão diz respeito ao lugar (o clínico é o que atende em consultório particular); a esta confusão

---

* Notas para uma palestra na mesa-redonda "O que é o psicólogo clínico?" na Semana da Psicologia da PUC-SP, out./1993.

está associada uma outra que diz respeito à clientela (o clínico é o que atende clientes particulares sejam indivíduos um a um ou em grupo, sejam famílias); finalmente, caberia assinalar a confusão que diz respeito ao regime de trabalho (o clínico seria um profissional liberal). Essas confusões, embora ainda tenham uma forte presença no imaginário de muita gente, são relativamente fáceis de desfazer e hoje há inúmeros exemplos de como a clínica psicológica pode ser exercida em condições muito diversas das apontadas.

Uma outra confusão é gerada por alguns sistemas classificatórios, tais como:

• O que opõe psicologia básica à psicologia aplicada (a clínica entraria como uma das possíveis aplicações do conhecimento psicológico básico). Ora, basta uma vista d'olhos às histórias dos grandes modelos e matrizes da clínica psicológica para ver que esta concepção não se sustenta – não havia um conhecimento básico disponível antes de Freud iniciar a clínica e a psicanálise, para ficarmos só com este exemplo, jamais foi aplicação de conhecimentos, mesmo quando um corpo teórico psicanalítico já estava elaborado; mas mesmo se não quisermos conceder à história um papel rector (nem tudo que ocorreu no passado merece ser tomado como modelo), também no campo da reflexão sobre as condições de produção das teorias psicológicas veremos facilmente que a ideia da clínica como aplicação não se mantém (ver a propósito o texto "Teorias e práticas na psicologia clínica: um esforço de interpretação"[1], em que mostro

---

1. Palestra proferida na comemoração do Dia do Psicólogo em Belo Horizonte (MG), no dia 27 de agosto de 1993.

que a clínica gera um saber que jamais se converterá integralmente em "teoria");

• O que opõe "psicologia educacional e escolar" à "psicologia do trabalho ou organizacional" e à "psicologia clínica". Esta classificação numa certa medida é derivada daquela que define a clínica pelo seu lugar de efetuação; por outro lado, esta classificação não diz, mas insinua, que o que define a clínica seria algo como uma certa problemática, definida pela negação do que seriam os temas das outras áreas de intervenção psicológica (por exemplo, o clínico não se interessaria por problemas da aprendizagem nem por problemas institucionais e organizacionais) e por uma certa intenção; o tratamento curativo em oposição a intervenções preventivas que incidissem no nível da vida coletiva e institucional (no entanto, ver, por exemplo, "tratamento e prevenção" como rubrica nos órgãos de fomento à pesquisa para designar o campo da clínica psicológica);

• Finalmente, há uma outra forma de classificar que diz respeito ao que seriam as áreas de conhecimento; por exemplo, neste caso haveria uma oposição entre "psicologia social" (ou do desenvolvimento, da percepção, etc.) e a "psicologia clínica". O que se insinua nessa maneira de classificar, que está muito presente, por exemplo, na definição dos Departamentos que compõem um instituto de Psicologia (na USP, por exemplo, há um departamento de psicologia clínica e na PUC-SP há um de psicodinâmica) é que há assuntos e temas da psicologia clínica (como a dinâmica do psiquismo) que não se confundem com os das outras áreas. Muito ligada a essa, ainda existe uma outra oposição possível: a que separa a "psicologia experimental" da "psicologia clínica" (na USP há o departamento de psicologia experimental, ao lado dos de clínica, de social e trabalho e de desenvolvimento e do escolar; na PUC-SP há o de métodos e técnicas); enfim, é como se o clínico e os demais psicólogos não se interessassem por métodos e técnicas e se todos os demais não se interessassem pela dinâmica psíquica; nesse caso, a classificação levaria em conta o método de produção de conhecimentos. Ressalto que um famoso psicanalista francês, Lagache, redigiu um ensaio[2] muito inteligente sobre a questão da psicologia tomando como fio condutor esta oposição.

Na verdade, é interessante observar que cada uma dessas oposições guarda uma certa verdade, ao mesmo tempo que induz a erro. É verdade que a clínica implica numa intervenção, mas é um equívoco pensá-la como mera *aplicação* de conhecimentos básicos; é verdade que o sentido da intervenção clínica se diferencia, em alguns aspectos, dos sentidos da intervenção educacional e organizacional, mas é um equívoco tratar a clínica como uma mera área de atuação, ou defini-la pela sua intenção curativa; é verdade que há um tipo de conhecimento que é produzido na clínica e só nela, mas é um equívoco tratar a clínica como mera área de conhecimento separada de outras áreas a partir de seus temas; creio, finalmente, que é extremamente verdadeiro pensar a oposição entre a clínica e a psicologia experimental como uma questão de método – há, sem dúvida, um método clínico de pesquisa – mas seria equivocado reduzir a clínica a um método de pesquisa.

---

2. Lagache, D. *L'unité de la psychologie* (PUF, 1949).

Os lugares da clínica psicológica:

Para tratarmos desta questão com a necessária abrangência e profundidade é necessário começar com algumas considerações preliminares.

Cabe, de início, uma compreensão histórica dos modos contemporâneos de subjetivação: é preciso que se compreenda como está formado e funciona o que em outro lugar designei como o *território da ignorância* e de como neste terreno se constitui o *psicológico* como o *interditado e excluído*[3]. Na análise da configuração da cultura contemporânea, em que se dão os processos de constituições de nossas subjetividades, assinalei a presença de três polos, ou eixos axiológicos, ou ainda modelos de subjetivação: o eixo liberal, o eixo romântico e o eixo disciplinar, mantendo uns com os outros relações ambíguas que incluem alianças e conflitos.

Uma decorrência dessa configuração será a cisão entre o campo fenomenal (o das representações e identidades) e os seus metafenomenais (os avessos das identidades e representações, suas condições de possibilidade e seus outros sentidos); é importante observar que estes avessos retornam em bruto ao campo da experiência na forma da estranheza, por exemplo, de um sintoma ou de um mal-estar, etc.

A tarefa que a configuração cultural contemporânea impõe às clínicas psicológicas é, nesta medida, a da escuta desses excluídos. Esta parece ser a razão social e

---

3. Figueiredo, L.C. *A invenção do psicológico* – Quatro séculos de subjetivação (1500-1900) (Escuta/Educ, 1992). Ver também o capítulo anterior do presente livro.

histórica do prestígio da clínica, já que as outras áreas de intervenção – escolar e trabalho – foram historicamente menos sensíveis e aptas a responder a estas demandas e estiveram de início mais comprometidas com o vértice disciplinar. (Por sinal, quando desenvolvem esta escutam se clinicizam.) As outras áreas de conhecimento, igualmente, quando respondem a estas demandas adotam o método clínico, o da escuta do excluído, o da escuta do virtual, o da escuta do "não-positivo" na dupla acepção de "o que não goza em princípio de valor elevado" (é, na verdade, uma espécie de *dejeto*) e "do que não tem a positividade das coisas que podem se mostrar e serem nomeadas".

É claro que há diferentes maneiras de interpretar essa missão e essas maneiras podem ser entendidas também a partir dos três polos:

• No polo disciplinar, trata-se da redução do excluído, ou seja, pratica-se aqui (ou tenta-se) a "cura dos sintomas";

• No polo do romantismo, a meta é a de dar vias de expressão ao excluído;

• Finalmente, sob a ótica liberal trata-se de proporcionar meios de representação e integração do excluído de forma a ampliar o autodomínio do sujeito, de ampliar o campo da sua autonomia.

Gostaria, neste momento, de sugerir de forma convincente que todas essas maneiras traem a missão da clínica: em primeiro lugar porque elas praticam, de uma forma ou de outra, a dissimulação da cisão entre o fenomenal e o metafenomenal (como, por exemplo, se consciente e inconsciente pudessem alguma vez coincidir);

em segundo lugar elas promovem a dissolução (imaginária) do conflito entre disciplinas, liberalismo e romantismo que é intrínseco aos processos contemporâneos de constituição das subjetividades (como por exemplo, e usando termos da psicanálise, se *Isso, Eu* e *Super-eu* pudessem alguma vez entrar em acordo definitivo). Ora, fazer isto implica em tornar-se *surdo ao interditado*, ou seja, praticar a clínica dessa maneira implicaria na esterilização do virtual, do não-positivo.

A clínica define-se, portanto, por um dado *ethos*: em outras palavras o que define a clínica psicológica como clínica é a sua ética: *ela está comprometida com a escuta do interditado e com a sustentação das tensões e dos conflitos.*

Há interessantes questionamentos que decorrem destas ideias e que incidem no problema da "identidade profissional" do psicólogo:

• Devemos conceber o psicólogo clínico como um ofertador de serviços (bens) a serem consumidos e a serem avaliados e regulados *pela lógica e pela ética do mercado e dos direitos do consumidor?*

• Ou o psicólogo clínico deve ser entendido como um *dispositivo terapêutico, mas também histórico?* Talvez o clínico seja a escuta de que o nosso tempo necessita para ouvir a si mesmo naquilo em que lhe faltam as palavras. Se assim for, serão outros os padrões éticos a que deveríamos responder e a ética da "defesa do consumidor" estaria aqui completamente deslocada.

4
Ética, saúde e as práticas alternativas*

Introdução: ética, morada e saúde

O âmbito da ética

O termo "ética" usado como adjetivo, como por exemplo nas expressões "conduta ética" ou "dimensão ética da existência humana", nos remete espontaneamente e sem precisar de muita reflexão ao âmbito das *relações* de um indivíduo com outros indivíduos; como se verá a seguir, estes "outros" podem, em certas circunstâncias, ser "indivíduos" não humanos (como animais e plantas) e mesmo aspectos não individualizados e inanimados do mundo, como as terras e águas dos ambientes naturais. Em acréscimo, o termo sempre parece implicar a consideração de *princípios, valores, normas de ação e ideais*, ou seja, não se trataria apenas de conside-

---

* Texto preparado para servir de base a uma palestra na 1ª Conferência Mineira de Ética e Saúde, Belo Horizonte, 13 de maio de 1994.

rar as relações no que têm de necessárias, naturais ou eficientes, mas de atentar para a sua *conveniência e legitimidade* diante dos valores e normas acima referidos. Finalmente, a dimensão ética engloba todas as considerações acerca das *metas da ação humana*, não se restringindo, portanto, à consideração da adequação de meios a fins, diferenciando-se, assim, do âmbito de competência do conhecimento *técnico*. No entanto, todas essas determinações ainda não dão conta da dimensão ética. Falta dizer que tanto na escolha e na avaliação das metas legitimamente desejáveis como na escolha das formas legítimas da ação interativa estará em jogo não apenas ou principalmente a sobrevivência do agente como a sua *imagem* e a sua *estima* diante dos outros e *diante de si mesmo*. Efetivamente, há sempre uma *reflexividade*, uma relação de si para consigo, um autocomprometimento do sujeito, implicados na conduta ética.

Já quando se fala de "ética" como substantivo, como por exemplo na expressão "a ética dos políticos brasileiros", estamo-nos referindo em geral aos *padrões implícitos* e/ou aos *códigos explícitos que prescrevem ou proíbem determinadas condutas*. Nesse caso, o termo "ética" está sendo usado como sinônimo de "moral". Contudo, além dos códigos e padrões implícitos de moralidade, a "ética dos políticos brasileiros" também inclui os modos de implicação e obediência dos sujeitos. Duas pessoas podem compartilhar os mesmos códigos (ou seja, ter as mesmas noções de "certo" e "errado") e, não obstante, agir de formas muito diversas em função de diferenças nos modos de serem e se sentirem submetidas, isto é, de se sentirem *obrigadas a exercer sobre si mesmas um certo domínio em nome dos padrões adotados*.

No âmbito das culturas, igualmente, há *ethos* mais rígidos e outros mais frouxos em termos das exigências de obediência impostas aos sujeitos e das formas de relação consigo exigidas.

Finalmente, a "ética" é uma parte da filosofia encarregada de refletir e elaborar argumentos acerca dos fenômenos anteriormente mencionados. Essas elaborações visam, via de regra, *explicitar o sentido* (proveniências, implicações) *da dimensão ética da existência humana* (situando a ética no contexto de uma antropologia filosófica) e, eventualmente, *sistematizar e justificar racionalmente* um determinado *código ou padrão de conduta*, um determinado *quando de normas e valores* e uma determinada *postura* a ser ensinada aos e exigida dos sujeitos.

Não sou filósofo. As considerações que se seguem tratarão da ética, melhor dizendo das éticas, sem qualquer pretensão sistematizante e muito menos fundacional. Quanto às dimensões histórica e antropológica da(s) ética(s) arriscarei, contudo, algumas ideias.

A *variedade e a eficácia das éticas*

Antes de prosseguir, todavia, convém ainda que se diga nessa introdução que, tomada no segundo sentido acima aludido – a de *ethos* –, não há uma única "ética" (no sentido de um padrão implícito e consuetudinário de moralidade ou de um código explícito de prescrições e/ou proibições) comum a todas as culturas e épocas, comum a todas as formas de subjetivação, e justificável num plano de racionalidade absoluta e trans-histórica:

mesmo a "ética dos políticos brasileiros" é uma evidente generalização que provavelmente não dá conta da variedade de éticas efetivamente em ação entre eles. De cultura para cultura e de época para época podem variar os padrões implícitos e os códigos. Eles de fato variam em relação tanto 1) aos aspectos da conduta (ou mesmo das intenções) a serem considerados e colocados sob controle como 2) às formas de impor e exigir obediência aos sujeitos e de punir eventuais transgressões. Assim sendo, variam também os *modos de sujeição* dos indivíduos aos ditames morais e, consequentemente, a forma e a intensidade dos esforços de autotransformação dos homens no rumo eticamente exigido[1]. Poderíamos então, acompanhando M. Foucault, afirmar que as "éticas" não só "refletem" diferenças nos modos de subjetivação, mas *participam da constituição das subjetividades*; em outras palavras, podemos ver as éticas como *dispositivos "ensinantes" de subjetivação*: elas efetivamente *sujeitam* os indivíduos, ou seja, ensinam, orientam, modelam e exigem a conversão dos homens em sujeitos morais historicamente determinados.

A ética e o habitar sereno e confiado

No entanto, ao longo de todas as variações poderíamos também dizer que as éticas têm, em comum, algo a

---

1. Ver a propósito Foucault, M. *Histoire de la sexualité II – L'usage des plaisirs* (Gallimard, 1984); em especial, o item 3 da Introdução.

ver com o *habitar o mundo*². Já no plano etimológico, *ethos* – o objeto da ética tomada como reflexão ou "teoria" – se refere tanto aos *costumes e hábitos* como à *morada*. Na verdade, *hábitos* como a *morada*; *hábitos* e *habitações* compartilham a mesma raiz. O homem é arremessado num mundo, que ele não escolheu, e aí ele *é como* a abertura ao que deste mundo lhe vem ao encontro, ou seja, ele existe no sentido preciso de *ser fora de si mesmo*, de "ser o seu fora", vale dizer, de *ser-no-mundo*. Nessa expressão, "no mundo", não indica um lugar em que se é, mas o próprio *modo de ser* do homem. Que se pense no recém-nascido e se terá a imagem exemplar deste ser incompleto, vulnerável, dependente e padecente. Por sua vez, o mundo, na verdade, deve ser pensado antes de mais nada como o que se abre e dá a ver para

---

2. Para as considerações que se seguem vali-me dos trabalhos de M. Heidegger – "Bâtir habiter penser" (1951) e "Sérénité" (1955), publicados respectivamente em *Essais et Conferences* (Gallimard, 1986) e *Questions III e IV* (Gallimard, 1990), ambos traduzidos por A. Préau, e da leitura de Heidegger proposta por Z. Loparic em "Ética e infinitude", em Nunes, B. (org.). *Possibilidades de uma nova ética* (Universidade do Pará, 1984). Foi-me também de grande valia a fenomenologia do habitar – "le séjourner chez soi" – *La demeure* – efetuada por E. Lévinas no seu trabalho *Totalité et infini* (Kluwer Academic, [1961] 1990). Como se sabe, Lévinas enfatiza, em contraposição ao egoísta "habituar-sua-casa", o encontro com o absolutamente outro; é este outro, que se furta à minha posse de índole totalizadora, quem me desaloja instalando de um só golpe a infinitude como transcendência do mesmo (a metafísica) e a ética. Nessa dimensão minha liberdade de possuidor é limitada pela presença do outro na sua alteridade irredutível e na sua exigência de submissão. Contudo, mesmo em Lévinas o "séjourner chez soi" é um acontecimento inaugural da separação egoísta do mesmo, condição primordial da vida sem a qual se aboliria a possibilidade do próprio transcender, de encontrar e ser afetado pelo "visage" do outro sem a mediação desses dispositivos de captura que são a representação e o conceito.

este ser – o humano – que se define exatamente pela e como abertura e incompletude.

Ora, sustentar-se nesse *existir no mundo* – e só assim se existe – exige um espaço de separação e recolhimento, de proteção, que não encerre o existente em uma clausura, mas lhe ofereça uma abertura limitada (portas e janelas) a partir da qual sejam possíveis *encontros* – saídas e entradas – em que se reduzam os riscos dos "maus encontros", dos encontros destrutivos e traumáticos. Portas e janelas por onde uma verdadeira alteridade possa insinuar-se e eventualmente impor-se.

É claro que uma casa, qualquer feitio ela tome e em qualquer nível de sofisticação que esteja construída, pode ser concebida como um *aparelho para morar* ou mesmo como uma *obra de arte*, um *monumento* a ser apreciado de fora[3]. No entanto, *uma casa para quem a habita e enquanto a habita não possui o caráter objetivo e utensiliar característico dos demais entes com que nos encontramos no mundo. A casa, a morada, a habitação têm, como o próprio mundo, uma natureza pré-objetal e não utensiliar: ela é como que uma parte do mundo, mas exatamente aquela parte em que podemos nos sentir relativamente abrigados: nela a abertura tem alguns limites. Pois bem, considerar* o ethos *como casa, instalação, é ver nele – nos valores, nas posturas, nos costumes e hábitos – algo equivalente à moradia de*

---

3. Estas duas possibilidades, levadas às últimas consequências, geram respectivamente uma arquitetura "funcional" e uma arquitetura "esteticista". Em ambos os casos pode ficar seriamente comprometida a *habitabilidade* da casa, sua capacidade de *deixar morar*. Os edifícios de Oscar Niemeyer costumam ser bons exemplos das consequências de uma arquitetura esteticista.

onde podemos contemplar a uma certa distância as coisas "lá fora" (como a casa organiza o espaço e gera uma série de diferenciações internas e externas, os costumes organizam nosso espaço e nosso tempo); *onde podemos cozinhar e nos alimentar sossegados, onde podemos gerar e criar uma família, onde podemos conviver com os familiares e receber a visita de estranhos, onde podemos tratar de nossos males e, mais que tudo, repousar.*

Ética, morada e saúde

Nessa medida há uma estreita vinculação entre o *habitar sereno e confiado* proporcionado pela casa e a *saúde*. Se pensarmos que a saúde para além de qualquer critério médico ou psicológico, pode ser vista como o *usufruto do corpo* (e da mente), não será difícil reconhecer que somente quando se tem um espaço privilegiado de moradia é possível despertar no corpo (e na mente) toda a sua capacidade de *fruir, trabalhar e pensar*.

O *habitar sereno e confiado é condição do gozar*, ou seja, de experimentar o corpo como fonte de prazer, livre dos riscos e das incertezas da sobrevivência, imerso nos elementos selecionados de que despreocupadamente vive e se nutre o homem (o ar, o sol, a terra, as águas, seus produtos, etc.)[4].

---

4. Os riscos e incertezas, contudo, se insinuam como resultado da absoluta dependência em que o fruidor se acha dos elementos de que vive "gratuitamente" e que podem amanhã faltar. Em Lévinas (op. cit.) lê-se: "o alimento vem como um acaso feliz" (por isso, como um infeliz acaso ele se pode ir...).

Mas *o habitar sereno e confiado deve ser visto também como condição do trabalhar*, ou seja, do apropriar-se pelo trabalho dos elementos naturais do mundo "lá fora" de forma a que, pouco a pouco, relativamente livres de uma pura dissipação, eles também se convertam em habitação, alimento e gozo. O próprio trabalho de edificar uma morada pressupõe uma morada prévia: só quem já é capaz de habitar pode construir uma casa.

Finalmente, é no relativo distanciamento dos acontecimentos do mundo "lá fora", propiciado pela habitação, que podemos desenvolver nossas capacidades cognitivas, tanto na via do conhecimento representacional, calculador e científico, como na do jogo e da criação (criação de uma família, criação artística), como na da meditação filosófica. Assim sendo, *o habitar sereno e confiado é também a condição do pensar, do representar, do brincar e do experimentar, exatamente porque o abrigo da casa nos dispensa uma acolhida que dispensa qualquer representação: também neste sentido a casa liberta*.

Enfim, tomando a *saúde como usufruto e incremento dos poderes do corpo*, e reconhecendo que o *ethos* de uma comunidade equivale a uma *morada coletiva* para seus membros, deve ficar clara a relação direta que pode ser explorada entre ética e saúde.

Poderíamos, também, chegar a resultados semelhantes tomando como ponto de partida a psicanálise, principalmente a psicanálise desenvolvida pelo grupo independente da chamada "escola inglesa" e pela "psicologia do *self*", cujas afinidades com a filosofia heideggeriana já foram assinaladas em outros lugares[5]. Estudos psicanalíticos daí provenientes nos revelam como o desenvolvimento psíquico de cada indivíduo exige que, nos inícios de uma existência individual, a criança seja acolhida e tenha a oportunidade de uma inserção pré-objetalizada e pré-representativa no mundo, o que Balint denomina de "amor primário" e Margaret Little de "unidade básica". A mãe como "ambiente facilitador", na denominação de Winnicott, ou os pais como "*self*-objetos", segundo a terminologia de Kohut ou, segundo Bollas, como "objetos transformacionais" remetem-nos a esta condição em que os outros ainda não estão plenamente diferenciados na sua alteridade, mas, ao contrário, cuidam da criança como se fossem uma parte dela mesma[6]. As obras desses autores mostram, também, que experiências dessa natureza continuam ocorrendo durante todo o processo normal de desenvolvimento ao longo de toda a vida. Há sempre ocasiões em que partes do ambiente social e físico nos oferecem – gratuitamente – um certo

---

5. Ver a propósito Dias, E.O. "A regressão à dependência e o uso terapêutico da falha do analista". Comunicação no II Encontro Latino-americano sobre o pensamento de D.W. Winnicott, Montevidéu, 1993; Figueiredo, L.C. "Acontecimento e fala em análise". Texto das aulas do curso ministrado na Pós-graduação em Psicologia Clínica da PUC-SP no 2º semestre de 1993; Loparic, Z. "Prefácio", em Figueiredo, L.C. *Escutar, recordar, dizer* – Encontros heideggerianos com a clínica psicanalítica (Escuta/Educ, 1994). O texto de E.O. Dias explicita claramente as ressonâncias Heidegger-Winnicott no tocante ao "habitar o mundo".
6. Ver a respeito: Balint, M. *A falha básica* (Artes Médicas, 1993); Bollas, C. *A sombra do objeto* (Imago, 1992); Kohut, H. *A restauração do self* (Imago, 1988); Little, M. "Sobre a unidade básica (indiferenciação primária total)", em Kohon, G. (org.). *A escola britânica de psicanálise* – A tradição independente (Artes Médicas, 1994) e Winnicott, W. "O desenvolvimento da capacidade de se preocupar", em *O ambiente e os processos maturacionais* (Artes Médicas, 1990).

resgate dessa relação primária, com o entorno[7]. Em contrapartida, a ausência precoce destas experiências que dão ao indivíduo "a quietude do centro", nas palavras de Margaret Little, deixa marcas profundas no processo de desenvolvimento, embora, naturalmente, seja o destino de todos nós o enfrentamento de situações de maior diferenciação, isolamento, responsabilidade e risco. Contudo, é somente a partir de um primordial *sentir-se em casa* que se criam as condições para as experiências de encontro da alteridade e para os consequentes *acontecimentos desalojadores*[8].

Entre as partes do ambiente que, num processo normal, continuarão sempre a exercer, num nível pré-reflexivo, estas funções protetivas, sustentadoras, acolhedoras, que nos oferecem renovadamente "a quietude do centro", ressaltamos as *moradas*, as habitações, sejam as *casas materiais* – de madeira, pedra, tijolos ou mesmo papelão –, sejam as *moradas simbólicas*, vale dizer, as proporcionadas pelo *ethos*. Uma ética, na verdade, institui uma *troca regulada de afetos e obrigações recíprocas* entre os indivíduos; é esta reciprocidade que permite

---

[7]. Isto é mais nítido em situações críticas, como por exemplo quando o indivíduo é vítima de uma doença; nessa situação uma dependência objetiva costuma deflagrar um processo regressivo "normal" e mesmo necessário à cura. Os profissionais da saúde são frequentemente solicitados a ocupar essa posição de "ambientes facilitadores da cura", solicitação a que nem sempre conseguem responder, já que na tradição dominante os agentes da saúde são concebidos apenas como "instrumentos da cura" à proposta por Winnicott entre as "duas mães do lactente": a "mãe-objeto" e a "mãe-ambiente", ambas necessárias ao desenvolvimento psíquico.

[8]. Ver, a respeito da noção de "acontecimento" e do seu potencial disruptivo, Figueiredo, L.C. "Fala e acontecimento em análise". *Percurso*, 11: 45-50 (1993).

Da epistemologia à ética

que cada um possa, dentro de certos limites, *confiar*, contar com a presença de alguns outros – em maior ou menor número, dependendo do contexto sociocultural – como "*self*-objetos" em algumas circunstâncias. Mais que isso: a reflexividade implicada nas éticas, ou seja, a ênfase mais ou menos intensa, mas nunca desprezível, nas relações de si para consigo, faz com que partes de um indivíduo possam assumir, com alguma autonomia e diante dele mesmo, certas funções antes exercidas pelos "outros"; estas partes podem também construir artefatos culturais com essa finalidade. Poderíamos dizer, então, que o sujeito ético pode desenvolver a capacidade de edificar sua própria morada com uma relativa independência. Mais adiante nesse trabalho veremos o que sucede quando a morada simbólica do *ethos* entra em colapso.

As formas históricas da subjetividade e do habitar[9]

Não tenho aqui a pretensão nem as condições de traçar uma história da ética, seja no sentido de uma história dos *ethos*, seja no de uma história dos sistemas filosóficos que tentaram sistematizar e justificar racionalmente valores, posturas e hábitos. Ainda assim, penso que pode ser interessante uma rápida vista d'olhos sobre algumas formas características que as relações dos homens entre si e consigo mesmos foram assumindo ao longo do tempo.

---

9. Nesta seção estarei apoiando-me com liberdade nos trabalhos de Dodds, E.R. *Os gregos e o irracional* (Gradiva, 1988); Eliade, M. *Le sacré et le profane* (Gallimard, 1965); Foucault, M. *Histoire de la sexualité II* e *Histoire de la sexualité III* (Gallimard, 1984); MacIntyre, A. *Justiça de quem? Qual racionalidade* (Loyola, 1991) e Vernant, J.-P. "O indivíduo na cidade", em Veyne, P. et al., *Indivíduo e poder* (Edições 70, 1988). Minha dívida maior, porém, no conjunto desse trabalho, é para com os dois últimos livros publicados por Foucault e acima referidos.

A *ética coesiva*

O testemunho de antropólogos dedicados aos estudos de culturas "primitivas" e o de arqueólogos, historiadores e filólogos dedicados aos vestígios – arquitetônicos, utensiliares e literários – de civilizações "arcaicas" nos ensinam um pouco acerca do *ethos* das chamadas *civilizações fechadas*. Observa-se aí um enraizamento quase fusional da comunidade na natureza – ambas miticamente interpretadas – e de cada "indivíduo" na sua comunidade. O mundo e a ordem da família ou do clã se confundem; nele e nela as posições de cada um estão perfeitamente definidas, deixando um reduzido espaço para uma individualização singularizada. Destacar-se como "indivíduo" numa sociedade assim – assumindo, por exemplo, a estatura de um *herói mítico* ou de um *mago* – implica, de certo, numa relativa separação; contudo, nesse estado de isolamento esses superindivíduos superam os demais exatamente na efetivação dos mesmos ideais coletivos. Corpo, vestes, casa e mundo (e seus vários objetos); narrativas, rituais e atividades cotidianas estão perfeitamente entrelaçados e integrados a um mesmo sistema de compreensão e ação. No centro dessa ordem, os *espaços, tempos, personagens, gestos* e *falas sagrados*, em que a *realidade* se mostra *verdadeiramente* e em torno dos quais se estende a trama de sentido. Para lá dessa ordem é o caos. Transgredi-la é sair do mundo e ser tragado pelo caos, é marginalizar-se e eventualmente morrer simbólica e fisicamente. O risco da transgressão é tanto mais pavoroso porque seus efeitos incidem não apenas sobre o transgressor individualmente, mas sobre a comunidade de que é membro. Em compensação, "obedecer" é da "natureza mesma dos seres" (humanos, animados e inanimados), já que a separação entre cultura e natureza não pode ainda aí ser explicitada (e por isso as aspas em *obedecer* já que, a rigor, o que se dá naturalmente dispensa comandos e obediências). Tudo é "natural" para quem assim vive; tudo é cultural, para quem, de fora, observa e analisa. Um *ethos coesivo* domina esse estilo de vida, englobando sob o mesmo *teto* os seres humanos, os animais, as plantas e as forças da natureza, dispensando todos de qualquer esforço reflexivo mais nítido em torno do que fazer e de como fazer. Ao mesmo tempo, o que não pertence a esta *morada* é uma abertura para o nada; é, mais que um excluído, a exclusão ela própria. Daí a necessidade de se fechar para o "lá fora" e de destruir as vias que dariam acesso a ele; daí o pavor e, frequentemente, o ódio ao estrangeiro; daí a necessidade de exorcismos; daí a necessidade de retornar periódica e ritualisticamente à "quietude do centro do mundo", às encarnações do sagrado.

A *emergência de uma razão prática*

O que será que se passa quando o *ethos coesivo* começa a ceder diante do avanço, de início lentíssimo, de tendências diferenciadoras e individualizantes? Abre-se, então, o espaço para uma *razão prática*, ou seja, para uma reflexão e para uma tentativa de sistematização dos modos desejáveis e legítimos de conduta interativa. Natureza e sociedade já não coincidem na experiência dos homens e cada homem se verá, cada vez mais, internamente dividido entre tendências naturais, obrigações sociais e imagens de si mesmos, sendo que essas estarão cindidas e comprometidas, em doses variáveis, com aqueles dois polos. Surgem então as questões: como se conduzir "adequadamente" diante dos outros e diante de si? *Como e sobre que condutas exercer um autodomínio?* Como *moderar-se*, como *conter* sua natureza, na convivência com os outros e consigo mesmo? Como educar-se e trabalhar-se na construção de uma subjetividade plenamente realizada e bem-sucedida? Como cuidar de si? E com que finalidades se efetuam todas essas reflexões e todas essas práticas éticas? É no enfrentamento prático e teórico dessas questões que se vão constituindo, e, ao longo dos tempos, se transformando os *sujeitos éticos*.

A *ética da excelência*

Em muitas sociedades e épocas, perguntas dessa natureza ainda podiam ser respondidas tomando-se como pressupostos as *posições* dos sujeitos na trama social em que existiam com seus *status* e *papéis* institucionalizados. Gerava-se, assim, o que podemos designar como uma *ética da excelência* (MacIntyre) ou uma *estética existencial* (Foucault): cada um era chamado a realizar por conta própria um trabalho que, contudo, lhe era proposto pelo coletivo, embora só se efetivasse *mercê* do esforço individual. Nesse trabalho cada um era exigido na sua capacidade de *autodominar-se*, de *superar-se na direção de uma excelência*, de impor-se um *estilo de vida que se orientava no rumo de uma perfeição*, seja a perfeição no exercício de uma atividade mais ou menos especializada, seja a perfeição no exercício de sua condição de superioridade social. Exemplo pioneiro e cristalino de uma ética da excelência é a que regulava a vida dos heróis homéricos: cada um deles destaca-se do grupo na sua individualidade, mas cada individualidade heroica tipifica a perfeição no exercício de um dado papel (a perfeição da coragem, a perfeição da força, a perfeição da astúcia, a perfeição da sabedoria e da prudência, etc.). Esta é uma ética de dominantes. Na Grécia Clássica, por exemplo, ficavam dela excluídos os seres considerados inferiores, como os escravos, as mulheres e as crianças. A incapacidade relativa de responder a esse desafio ético gerava, então, não mais uma pura e simples marginalização, mas formas "brandas" de exclusão em que avultavam os sentimentos de vergonha e menos-valia: o destino dos que fracassavam era um ultrajante esquecimento. Já as transgressões, não tanto a esta ética, mas ao código legal de interdições sociais, começavam por esta época a implicar em julgamentos que responsabilizavam *individualmente* os faltosos.

É interessante observar como na ética da excelência, analisada por Foucault tomando como base o *ethos* da *polis* grega, a *admiração da casa* (a *economia* que vem do termo grego *oikos* que significa "casa") e a *conservação da saúde* – na forma de *regimes*, *dietas* e *medicinas* – aparecem unidas uma à outra e ambas às questões que, mais facilmente hoje, associamos ao campo da moralidade e das condutas éticas. O sujeito moral plenamente realizado devia administrar bem seu patrimônio e cuidar de sua saúde. É, enfim, interessante observar como a constituição do sujeito ético nas suas origens já revelava a relação íntima entre a ética, a casa e a saúde anteriormente apontadas. Vale assinalar que essas mesmas associações perseveraram em algumas formas mais pronunciadas de individualização e volta e meia retornam, como veremos adiante ao tratar das práticas alternativas, contrariando a tendência dominante da civilização ocidental moderna, em que economia, medicina e ética não poderiam andar mais separadas...

Os processos de individualização e a crise na ética da excelência – As práticas de si

Em níveis mais avançados de individualização, porém, começam a faltar os pressupostos para uma ética da excelência exclusiva e dominante, embora, como veremos depois, existirão mesmo em sociedades fortemente individualistas espaços e tempos em que uma ética da excelência conservará algum vigor. Ocorre, nesses primórdios de uma civilização individualista, uma fragilização das identidades posicionais, tal como Foucault acompanhou nas relações conjugais e na vida política dos dois primeiros séculos de nossa era; em decorrência, dá-se uma intensificação da problematização das condutas individuais. O resultado foi o surgimento do que Foucault denominou de *cultura das práticas de si*, dos cuidados do sujeito consigo mesmo. Autotestes (provações), exames de consciência e uma atenção vigilante à vida "psíquica"[10] transformaram-se nas vias régias da sujeição do indivíduo aos seus próprios cuidados: *é como se cada um se convertesse no edificador de sua própria morada*, de uma morada ainda bastante padronizada, mas já parcialmente feita sob medida para cada um. É claro que o

---

10. É bastante discutível ter havido na antiguidade greco-romana uma noção e uma experiência do psíquico (do mental) tal como a viemos conhecer na modernidade. Contudo, creio que a reflexividade implicada na ética das *práticas de si* não poderia deixar de gerar alguma experiência de "vida interior" relativamente separada do "mundo externo".

status e os papéis continuam organizando uma boa parte das condutas. No entanto, cada vez mais cresce o espaço e a exigência de uma elaboração pessoal e de um estreitamento das relações de cada um consigo mesmo. Os cuidados de si continuarão a ser exercidos nos campos da casa, mais particularmente das relações conjugais, e da saúde. O que muda é a ênfase que vai da *excelência no desempenho do papel*, como condição do exercício, e da exibição da superioridade social, ao *domínio de si*, tomando como processo de subjetivação relativamente independente das questões do poder sobre os outros. Acentua-se, enfim, a dimensão *ascética* da conduta ética: *mediante uma ascesis* cada sujeito coloca o domínio de si como condição, não mais de superioridade, mas de independência[11].

O individualismo e a emergência das éticas da eficácia

Podemos agora dar um pulo para sociedades em que o indivíduo não só teve a permissão (como a obrigação)

---

11. Independência diante dos outros, diante das vicissitudes da vida e, cada vez mais, diante das urgências e inclinações naturais do corpo. Foi desse quadro ético que o cristianismo primitivo arrancou muitos elementos para fazê-los fermentar na sua escalada introspectiva e ascética, sob o impulso da tradição judaica da submissão incondicional, e inevitavelmente culpada, a um Deus todo-poderoso, onipresente e onisciente. Vale registrar que, também, na cultura judaica da época do surgimento do cristianismo ganhava força, na comunidade dos essênios, uma ética de rigoroso ascetismo com quem o cristianismo primitivo guarda muitas semelhanças (cf. Wilson, E. *Os manuscritos do Mar Morto*. Companhia das Letras, 1994). Constituía-se, assim, uma cultura em que os cuidados de si eram incentivados, mas em que o individualismo era contido pela obediência a Deus, à comunidade dos crentes e a seus representantes legais, pela obediência à Igreja católica.

de se constituir como sujeito ético mediante um cuidado de si intenso e permanente, mas em que este processo veio a carecer quase que completamente de uma base coletiva, consensual e tradicional na definição das metas e das formas legítimas da ação. São situações de *desenraizamento profundo* tanto das sociedades em relação às suas condições naturais como dos indivíduos em relação às suas comunidades. Será possível, desde então, às coletividades humanas começarem a tratar a "natureza" de uma forma puramente teórica e técnica – é a natureza despida de qualquer sentido que não seja o de fonte de matérias-primas a serem conhecidas, dominadas e exploradas; simultaneamente, os indivíduos puderam começar a lidar com a sociedade em geral e cada um com todos os outros de uma maneira estritamente utilitária e mercantil. É natural que nesse contexto o espaço de exercício de uma razão prática e de renovados e muito intensos cuidados de si tenha-se ampliado imensamente, ao mesmo tempo em que as condições desses exercícios tornavam-se excessivamente problemáticas. Por um lado assiste-se aí a uma subjetivação e individualização dos ideais, valores e normas que perderam toda a aparente objetividade que antes lhes era assegurada no plano de um consenso e de uma tradição. É como se, repousando apenas nas subjetividades individualizadas, as "éticas" não pudessem aspirar a nenhuma universalidade e a nenhuma racionalidade. Seriam moradas rigorosamente individuais e, no máximo, familiares, e mesmo isso apenas enquanto a família ainda conservasse um pouco daquela coesividade já perdida no plano macrossocial. Contudo, mesmo numa sociedade individualista os indivíduos não vivem sozinhos; ao contrário, costumam multiplicar-se nessas condições as possibilidades e necessidades de interação entre indivíduos que, às vezes, nem se conhecem nem jamais se verão (quantos elos há, por exemplo, entre produtores e consumidores numa sociedade moderna de mercado internacionalizado?). Isto significa que alguma "morada coletiva" precisa ser construída ou à força ou por livre consentimento dos indivíduos.

Instauram-se então, nitidamente, dois campos éticos, dois *ethos*: de um lado, o *ethos* da vida privada e familiar, ainda fortemente marcado pela coesividade e pelas posições, *status* e papéis familiares, determinados em geral pela idade e pelo sexo[12]; de outro, um *ethos* da vida pública. Nesse campo vai imperar o que, acompanhando MacIntyre, poderíamos chamar de *ética da eficácia*: as éticas coletivas serão "escolhidas" e justificadas – às vezes impostas, às vezes acordadas – em função de uma avaliação dos seus efeitos, das suas consequências para a vida, para o sucesso, para o progresso, para a felicidade de cada um ou do conjunto. Nessas éticas da eficácia há uma tendência, às vezes latente, mas frequentemente manifesta, de pensar a conduta segundo o modelo da técnica, mais precisamente, da técnica de controle dos fenômenos naturais: é como se a escolha ética dependesse cada vez mais de uma opção pelo que "dá certo".

O problema que subsiste, e resiste aos avanços do pensamento técnico, diz respeito à possibilidade de consenso mesmo em relação ao que seriam os efeitos e consequências *desejáveis* para cada um ou para a coletividade: afinal, o que é "dar certo"? Na ausência desse con-

---

12. Ocorre mesmo um recrudescimento da estratificação intrafamiliar, ou seja, uma acentuação das relações hierarquizadas em termos de sexo e de idade. Faz parte desse processo a "invenção" da infância estudada por Ph. Ariès, em *História social da criança e da família* (Zahar, 1981).

senso espontâneo restaria, em princípio, o apelo, que pode até ser racionalmente justificável, como em Hobbes, a uma *obediência ao poder superior e unificado do soberano*, consagrado como instaurador e representante de uma ordem a serviço de todos. Mas, se esta obediência quase cega (embora eventualmente prudente, já que afasta o perigo maior de uma guerra de todos contra todos) fere um dos poucos valores compartilhados em uma sociedade individualista, que é o próprio indivíduo como liberdade e autonomia, a melhor alternativa seria a procura, num plano de racionalidade suprema e transcendente, de uma ética universal que, fundada numa "verdade", impusesse a todos um mesmo "dever", exigisse de todos o mesmo esforço de autoconstituição como sujeito moral. Kant e sua doutrina do *imperativo categórico* ilustra exemplarmente este movimento[13]. No entanto, a este nível de sofisticação ética, de relação consigo mesmo e com os outros, muito poucos podem-se alçar, se é que alguém que não o próprio Kant. Para a grande maioria a ética pública vai-se caracterizar, na modernidade, por uma *sobrecarga de moral*, por uma intensificação

---

13. Zeljko Loparic analisa essa ética denominando-a de *ética infinista*. Vale a pena transcrever integralmente: "O infinitismo é o princípio organizador da metafísica ocidental. Na ontologia, busca-se causas e verdade; na ética, máximas e regras que sejam ao mesmo tempo primeiras e vigorem incondicionalmente, que sejam infinitas. Quais são as esperanças depositadas na infinitude do fundamento? As de encontrar um solo sobre o qual seria possível, pelo menos em tese, assentar uma vida humana plenificada, eterna e integrada em uma totalidade cósmica e social. Em outras palavras, visa-se achar um antídoto universal para a falta, a transitoriedade e a particularidade, os três elementos constituintes da finitude humana, todos assinalados pela dor" (Loparic, Z. "Ética e finitude", em Benedito Nunes [org.]. *Possibilidades de uma nova ética*. Universidade do Pará, 1994). Nos termos que estamos adotando no presente trabalho, trata-se de um retorno, pela via da razão, à *confiabilidade* anteriormente gozada gratuitamente nas sociedades míticas, só que agora racionalmente conquistada e universalizada.

dos controles codificados nas *etiquetas*, nos receituários de *decoro* e nas preocupações obsessivas com a ordem e a eficiência e pela internalização desses controles na forma de uma consciência envergonhada, hipócrita e culposa, inimiga dos instintos, inimiga dos excessos e da animalidade dos corpos, inimiga do estranho[14].

O duplo aspecto da ética liberal e suas vicissitudes

A ética do liberalismo com sua ênfase nos direitos naturais do indivíduo (principalmente os direitos à liberdade e à propriedade) sanciona o duplo regime ético: o de uma ética privada e doméstica em que a liberdade – efetivamente a liberdade do homem adulto – é condição para o exercício de seu poder sobre si mesmo, sobre sua família e seus negócios e uma ética pública em que a liberdade daquele mesmo agente é a condição para o seu engajamento em atividades comerciais e políticas em pé de igualdade com outros agentes da mesma espécie em um regime competitivo garantido pela obediência consentida de todos a um poder democraticamente instituído e reduzido ao mínimo necessário.

Contudo, a "morada" da privacidade e da família, com sua ética da excelência no cumprimento das obrigações e seus moradores idealizados – "a boa mãe e esposa", "o bom esposo e pai", "o bom filho" –, é em uma certa medida e durante um certo tempo a única que asseguraria plenamente o abrigo, o acolhimento, o repouso de que falei na introdução: ela é, para usar a expressão de Lash,

---

14. Processos meticulosamente estudados por N. Elias em clássicos como *O processo civilizador 1 e 2* (Jorge Zahar, 1990; 1993) e *La société de cour* (Flammarion, 1985).

"o refúgio num mundo sem coração"[15]. Esse estilo de funcionamento, porém, será rapidamente erodido no contato com as novas condições de vida social (em particular, com as novas formas de vida urbana) e, para se manter, exigirá uma espécie de moralização reativa e defensiva, marcada pelo estreitamento das "portas e janelas", profundamente daninha ao desenvolvimento de seus membros no rumo da autonomia e da flexibilidade que, no entanto, lhes são cada vez mais exigidas.

A "morada" pública, por sua vez, mesmo em teoria, apenas parcialmente garante alguma proteção: ela evitaria algumas formas mais contundentes de violência física, ela garantiria uma certa paz social e alguns direitos individuais, mas ela não evitaria, por exemplo, o fracasso nos negócios, a falência, o desemprego, a miséria, o ostracismo, etc. Na prática, a situação é ainda pior: a "morada" oferecida pela ética liberal é em grande parte uma ficção que jamais ofereceu uma sustentação adequada aos indivíduos, mesmo aos dominantes. Quanto aos dominados, às mulheres de todas as classes, aos trabalhadores dos campos e, principalmente, das cidades, a ética liberal não oferecia qualquer proteção seja na vida pública, seja na vida doméstica e na privacidade. A ética liberal, por exemplo, jamais assegurou às classes trabalhadoras uma vida familiar e privada protetivas e sustentadoras; ao contrário, o avanço da urbanização sob o impulso da economia de mercado destruiu maciçamente as moradas e as famílias das classes trabalhadoras. Tornaram-se necessários vastos dispositivos da administração pública ou privada – como os sistemas previdenciários – para dar a

---

[15]. Ver Lash, C. *Refúgio num mundo sem coração* – A família: santuário ou instituição sitiada? (Paz e Terra, 1991).

esses indivíduos desgarrados e desamparados alguma segurança.

A *emergência e os avanços da ética disciplinar*

Efetivamente, a marcha dos acontecimentos econômicos e políticos nos séculos XIX e XX tornou a ficção liberal cada vez mais precária e impôs modos de ordenação da vida pública progressivamente mais restritivos e autoritários. Refiro-me ao crescimento das práticas *disciplinares*, já perceptíveis para estudiosos do século XIX como Tocqueville e Foucault, e que vieram a ser as principais características do capitalismo tardio e da sociedade administrada. Tais práticas foram levadas às últimas consequências nos regimes totalitários de "esquerda" e de "direita". É importante observar como as disciplinas, para além do que trazem de mais óbvio – um arsenal de técnicas de controle –, são, mais que tudo, modalidades éticas: elas contêm um padrão implícito de ideais, normas e posturas em que ressaltam, por exemplo, as noções de "unidade", "ordem racional", "economia", "controle", "eficiência", "obediência", etc.

A proliferação e aprofundamento das restrições e das intervenções disciplinares dos poderes públicos no âmbito das existências individuais, frequentemente, refletiram-se, também, no campo em que, até ali, vigorava a ética da excelência familiar: o pai, o bom ou mau, conserva o pátrio poder, mas não lhe compete mais decidir a respeito da escolaridade básica e obrigatória de seus filhos, por exemplo. Em acréscimo, suas práticas disciplinares estão cada vez mais sob a jurisdição do Estado. Finalmente, é fácil perceber que esse campo da privacidade domiciliar tendeu a se restringir e a se diluir devido às transformações que incidiam diretamente na esfera doméstica e privada. A redução no tamanho e a nuclearização da família urbana e a instalação de um movimento predominantemente centrífugo na dinâmica familiar – a família orienta para fora seus membros, seja para se educarem, se tratarem, se realizarem, etc. – tornam os espaços e tempos domésticos extremamente pobres e desérticos, reduzindo sobremaneira a quantidade de recursos disponíveis para o acolhimento primordial dos moradores[16]. A igualdade entre sexos e a redução das desigualdades entre faixas etárias e dos poderes paternos, ou seja, a relativa dissolução da estratificação hierárquica no seio da família, por mais saudados que sejam, não foram incondicionalmente saudáveis, na medida em que retiram as bases de funcionamento de uma ética da excelência familiar sem colocar nada em troca além de uma certa instrumentalização das relações humanas, própria das éticas da eficácia[17].

---

16. Crianças, velhos e doentes são, seguramente, os que mais sofrem nessa situação. Mas quem não é, independente da idade e das condições físicas, um pouco ou muito dessas três condições?

17. Por exemplo: uma boa mãe, segundo a ética da excelência, era a que ocupava e representava muito bem o papel de mãe segundo os códigos tradicionais. Hoje, uma boa mãe será a que instrumentaliza sua conduta de forma a produzir filhos física e psicologicamente "saudáveis". Mas como fazê-lo? A questão de ser uma boa mãe tal como formulada em uma ética da eficácia exige, para ser respondida, quase que necessariamente o recurso a um especialista, o pediatra, o psicólogo infantil, o fonoaudiólogo, etc. Isto ocorre exatamente porque, desde o momento em que a mãe se concebe e constitui como *instrumento* e já não mais como posição e papel, ela se sente obrigada a orientar sua conduta de acordo com um conhecimento científico e com uma técnica. Uma das peculiaridades de um autor como Winnicott é a de, enquanto especialista, revalorizar a competência materna "espontânea". "Nem Freud nem a psicanálise foram necessários para se dizer às mães como providenciar essas condições", diz ele, referindo-se às bases do desenvolvimento mental propiciadas pelo ambiente materno. No entanto, o que

A ética romântica

Esse trituramento de certos valores e posturas liberais pelas práticas disciplinares no contexto da vida pública e doméstica, somado ao desmantelamento das condições de exercício de uma ética da excelência familiar, gera o *confinamento* da esfera da liberdade privada em espaços cada vez mais restritos e íntimos das existências individuais, espaços cada vez menos sustentados no plano das relações do indivíduo com os outros humanos e não humanos. Como respostas típicas a essas pressões vamos encontrar, de um lado, o fortalecimento de um eixo axiológico romântico, com versões nostálgicas ou revolucionárias, mas sempre de índole restauradora. Nesse eixo se expressam as *demandas de casa*: demandas de *integração no cosmos, de pertinência à comunidade, de participação na história, de enraizamento na natureza.*

A ética do sobrevivente e a desterritorialização

Numa contraposição absoluta a essas demandas expressas na ética romântica irrompe, como um fenômeno social, a "ética do sobrevivente", encarnada na figura denominada por C. Lash de "o mínimo eu"[18]; este *self* reduzido ao mínimo vem a ser um personagem proeminente na "cultura do narcisismo". Para compreendermos a posição deste "eu mínimo" precisamos situá-lo no confronto entre os vértices liberal, disciplinar e romântico e nos processos de desterritorialização daí decorrentes.

assistimos hoje com grande frequência são mães desconfiadas de sua própria capacidade e mães efetivamente incapacitadas para a oferta daquelas condições. Nesse ponto as ideias de Winnicott, em si mesmas muito plausíveis, exigem uma complementação histórico-cultural.
18. Lash, C. *O mínimo EU* (Zahar, 1988).

Efetivamente, apesar de todas as vicissitudes, a ética liberal não deixou de funcionar como um dos polos estruturadores das subjetividades contemporâneas, ou seja, ela continua fornecendo um padrão de condutas interativas legítimas, um sistema de valores, normas e ideais, e, principalmente, um modelo dos modos legítimos e desejáveis de relação consigo mesmo do indivíduo, tanto nas esferas públicas como na privacidade. Essa ética constitui o sujeito individual como unidade e soberania. Sucede, porém, que os homens contemporâneos encontram-se internamente repartidos entre este eixo romântico e disciplinar. Vale dizer: a questão contemporânea já não é a de cada um habitar uma casa "própria", faltando a todos uma morada coletiva. O que se passa é que cada um está disperso entre três "casas" e, a rigor, não habita integralmente nenhuma. Nisso reside a mais radical e verdadeira experiência de "desterritorialização". É dessa experiência que se alimenta a cultura do narcisismo. A "ética de sobrevivente" do "mínimo eu" é o fruto mais espontâneo desta configuração. Não se trata, enfim, de faltarem as condições de *confiança intersubjetiva*, tão precariamente assegurada pela ética liberal e hoje já tão fracamente defendida pela ética da excelência familiar, em rápido processo de extinção. A confiança que falta é a de cada um em relação a si mesmo, em relação à própria existência e continuidade, à própria capacidade de assumir uma história e fazer promessas[19]. Um maciço investimento de si no "si mesmo" (sem passado nem futuro),

---

19. *Assumir uma história pessoal*, mesmo que sujeita a revisões permanentes, e *fazer promessas*, mesmo que renegociáveis, implica em estabelecer com o *"si-passado* e com o *futuro-si"* uma relação de *confiança*. Por exemplo, eu só prometo e só me comprometo quando posso minimamente confiar em mim mesmo, confiar na minha capacidade de continuar "eu mesmo" no futuro. A *ética de sobrevivente do mínimo eu*, ao contrário, é totalmente avessa a promessas e muito resistente a qualquer historização.

um investimento concentrado e excludente, parece, então, ser a condição indispensável à sobrevivência física e psíquica do indivíduo. Já não lhe parece bastar uma casa fixa que o abrigue e defenda, por mais singular que seja, mas precisa de um *casulo* que ele, sem solo e verdadeira morada, possa carregar nas costas, como o personagem de *O turista acidental*[20].

Ética, saúde e práticas alternativas

A falência das moradas disponíveis

Como pensar a ética nestas condições? Como edificar uma morada individual, singular e coletiva? Como constituir-se como sujeito ético nos dias de hoje? Uma coisa parece evidente: nem a ética liberal, nem a romântica, nem a disciplinar são alternativas viáveis e cada uma delas exclui parcelas significativas da experiência de cada um de nós que acabam retornando como sintomas e

---

20. Baseado no livro de Anne Tyler, Lawrence Kasdan dirigiu este filme que é uma preciosa lição da ética do sobrevivente e das condições de sua emergência. No monólogo inicial, em *off*, o personagem principal expõe sua filosofia de vida que poderia ser resumida assim: *em uma viagem, como na vida, carregue uma bagagem mínima e bem empacotada, evite problemas e estranhos, esqueça de sua não pertinência aos lugares, esteja preparado para tudo – para um súbito funeral, por exemplo – mas não se deixe tocar por nada. Não se exponha a nenhuma perda.* O filme revela igualmente o *background* familiar do turista acidental; uma família amedrontada e incomunicável em um mundo obsessivamente ordenado e que se desorienta quando vai às compras na esquina. É interessante assinalar que a ética do sobrevivente desenvolve-se num mundo em que proliferam o que Marc Augé chamou de "não lugares" (cf. Augé, M. *Não lugares* – Introdução a uma antropologia da supermodernidade. Papirus, 1994). "Não lugares" são espaços de trânsito onde se existe sem raízes e sem relações, ou seja, o oposto cabal da morada.

mal-estar[21]. Também não parecem viáveis simples combinações entre elas, conforme a análise que fiz das figuras do *excêntrico esteticista* e do *militante*[22].

A "ética do sobrevivente", por seu turno, é a que leva mais longe o caráter mortífero da contemporaneidade, convertendo o desligamento e desenraizamento – impostos aos que transitam pelos "não lugares" estudados por Marc Augé – em desligamento e desenraizamento "desejados". A rigor, trata-se de reduzir os "desejos" às dimensões do que cabe em um saquinho de viagem, como diz Macon Leary, o turista acidental ("há muito poucas necessidades neste mundo que não caibam em sacos de viagem"). Aquelas outras necessidades de acolhimento e moradia serão expressas apenas como súbitos invalidamentos – uma perna quebrada, uma forte dor nas costas – que o colocam na dependência e à disposição dos familiares[23]. Ou seja, trata-se de uma ética frágil e que oferece condições muito precárias à conservação da saúde[24].

21. Ver a respeito: Figueiredo, L.C. *A invenção do psicológico* – Quatro séculos de subjetivação (1500-1900) (Escuta/Educ, 1992), principalmente o capítulo "A gestação do espaço psicológico no século XIX: liberalismo, romantismo e regime disciplinar", e o texto, neste volume, "Os lugares da psicologia".
22. Ver, respectivamente, *A invenção do psicológico* – Quatro séculos de subjetivação (1500-1900), especialmente o capítulo "Para além do estilo. Um lugar para a psicologia"; e "A militância como modo de vida. Um capítulo dos (maus) costumes contemporâneos", em *Cadernos de Subjetividade*, 1, 2, p. 205-216 (1993).
23. É apenas quando descobre que *things just happen* e assume uma história, com tudo que isso impõe de perdas (ele se desembaraça da maleta de viagem e guarda apenas a foto do filho morto), que Macon Leary se torna apto a uma nova possibilidade de contato, apto a comprometer-se com Muriel.
24. Pode-se aventar também a hipótese de que existências transcorridas em ou ameaçadas por "não lugares" podem reagir através de tentativas

A dimensão ética das práticas alternativas

Creio que é diante destes impasses éticos que proliferam muitas das chamadas práticas alternativas[25]. De uma certa forma e em uma certa medida elas são de fato alternativas às tendências dominantes da cultura ocidental em que as questões reconhecidas como éticas pairam a léguas de distância das questões médicas, sendo estas concebidas como envolvendo apenas conhecimentos naturais e técnicas curativas ou preventivas. Não é por acaso que muitas das práticas alternativas incidem diretamente nas questões da saúde sob a forma de dietas (naturalistas, vegetarianas, macrobióticas, etc.), regimes de exercícios físicos (ginásticas, caminhadas, corridas, antiginásticas, exercícios de respiração, yoga, massagens, etc.) e medicinas (acupuntura, homeopatia, florais de Bach, exposição a pedras e cristais, alquimias, etc.). Dada esta incidência, somos levados espontaneamente e sem muita reflexão a julgá-las em termos de conhecimentos naturais e eficácia técnica, segundo nossos padrões *modernos* de avaliação. A confusão aumenta porque muitos dos defensores dessas práticas procuram justificá-las apelando para evidências pseudoexperimen-

---

de restauração violenta de seus limites territoriais. Neste caso, em vez da ética da sobrevivência hiperindividualista, teríamos o recrudescimento de posições nacionalistas, bairristas e xenófobas. Este, contudo, é um tema muito complexo para ser desenvolvido numa nota de rodapé e fica para uma outra ocasião.

25. Apesar das diferenças entre elas, algumas das quais serão referidas adiante, creio poder falar em práticas alternativas em geral como constituindo o "complexo alternativo", tal como mencionado por J. Russo, em *O corpo contra a palavra* – Terapias corporais nos anos 80 (UFRJ, 1993) e tal como foi muito bem exposto e analisado por L.E. Soares no artigo "Religioso por natureza. Cultura alternativa e misticismo ecológico no Brasil", em *O rigor da indisciplina* – Ensaios de antropologia interpretativa (Iser/Relume-Dumará, 1994).

tais e adotando argumentos aparentemente comprometidos com a justificação racional dos processos e com a mensuração dos efeitos das intervenções[26]. Nessa mesma direção trabalham certas escolhas conceituais – como a da noção-chave de "energia", presente em quase todo o complexo alternativo – que permitem a estes discursos uma aparência de contato com o campo das ciências naturais[27]. No entanto, penso que *estas práticas, em que pesem estes namoros com o discurso cientificista e tecnológico, antes de mais nada dizem respeito às relações dos homens uns com os outros, com todos os elementos e forças da natureza e consigo mesmos e é nesta dimensão que elas são de fato alternativas*. Por exemplo, parece estar muito presente na maioria destes *cuidados de si* uma demanda de *comunicação genuína, imediata e simpática* entre os indivíduos, entre cada um e as forças e elementos naturais e entre cada um e si mesmo. Parece haver sempre, de forma manifesta ou latente, um projeto de restauração de uma certa *harmonia*. Que se compare, por exemplo, o acolhimento que se recebe em uma consulta com um médico homeopata com o que se verifica na consulta à maioria dos alopatas em atividade e ver-se-á delineado um conjunto completo de outros ideais, outras normas e postu-

---

[26]. A presença destes ingredientes nos discursos alternativos atesta, como se verá adiante, a aliança de um polo predominantemente romântico com traços dos polos liberal e disciplinar.

[27]. Na verdade, como mostra L.E. Soares, na obra citada, a "energia" dos alternativos funciona como uma espécie de passaporte que dá aos que o usam o direito de atravessar todas as fronteiras em que a cultura ocidental ciosamente conserva os limites dos diferentes domínios de conhecimentos e práticas. Nenhuma semelhança, portanto, com o uso do termo nas ciências naturais.

ras que vão muito além das diferenças quanto aos procedimentos médicos no sentido estrito da palavra[28].

Outras práticas alternativas concernem menos diretamente à saúde, embora estas distinções aqui não façam muito sentido, mas nem por isso pertencem menos ao campo da ética: sugiro que as práticas esotéricas, místicas e espiritualistas, a astrologia, o tarô, etc. dizem respeito diretamente à questão da *morada*. São modos de habitar o mundo que permitem que, na vastidão de nossos horizontes, se reserve um espaço e um tempo para a reinstalação da "quietude do centro", de renovação de uma experiência primordial, mas hoje deficiente, de *estar em casa*. A astrologia, por exemplo, enraíza cada atribuída existência individual no plano regular, previsível e eterno em que transitam planetas e estrelas. Destinos e identidades, até então problemáticos, recebem dos astros a garantia de um assento definitivo. Todo o universo é reconduzido imaginariamente à condição de morada humana[29]. Com uma outra plataforma, mas pertencendo ao mesmo conjunto, atuam os movimentos ecológicos, desde os mais politizados até os mais religiosos (os do chamado misticismo ecológico): eles propõem, ao mesmo tempo, uma crítica às relações dominantes do homem ocidental com a natureza, marcadas

---

28. É claro que não é possível generalizar, mas creio que estas diferenças são reais, bem como costuma ser verdade que entre os alopatas são os *clínicos gerais* os que mais espaços concedem ao acolhimento do cliente nesta modalidade alternativa. Numa nota anterior dizia que muitos profissionais da saúde tendem a se ver como *instrumentos de cura* e têm dificuldade de responder a certas demandas dos pacientes que lhes pedem para funcionar como *ambientes de cura*. É exatamente a esta demanda que os clínicos e os homeopatas respondem espontaneamente.

29. Tem-me chamado a atenção, por exemplo, o uso exacerbado e compulsivo destas técnicas de enraizamento e autoidentificação por pacientes com fortes problemas no eixo do desenvolvimento narcísico.

por exploração e ganância, e novos modos de contato; estes modos, mesmo quando pretendem se basear em conhecimentos científicos, vão muito além da ciência e se efetivam na verdade como novas formas de subjetivação e eticidade, como novas possibilidades existenciais.

No conjunto não se poderá negar completamente a estas práticas uma certa eficácia, muito embora esta nem sempre coincida com o verbalizado pelos praticantes e adeptos. Elas podem ser eficazes, contudo, no plano da constituição das subjetividades e, a esta altura, não devemos nos surpreender que esta eficácia possa ter, inclusive, incidências diretas no plano do bem-estar e no da saúde física ou mental.

Problematizando as práticas alternativas

Não obstante, seria, creio eu, ingênuo acreditar que qualquer uma destas práticas alternativas esteja qualificada para oferecer ao homem uma nova morada condizente com os desafios da civilização contemporânea. Esta posição crítica, porém, nada tem a ver com a epistemologia ou com a metodologia científica[30]. Não será em nome da 'ciência' que me agradará posicionar-me, criticamente, diante destas práticas. Para esclarecer este ponto, um confronto com o campo do conhecimento e das técnicas oficiais da psicologia pode ser elucidativo.

---

30. No segundo capítulo, "Os lugares da psicologia", discuto mais longamente as vicissitudes por que passa todo o pensamento epistemológico e metodológico na contemporaneidade e as razões por que os tribunais epistemológicos e metodológicos tornaram-se incapazes de operar com a arrogância de antigamente.

Práticas alternativas e práticas oficiais no campo psi: comentários finais

Embora muitas das práticas alternativas digam respeito à saúde física e apesar de nesse campo os confrontos com as medicinas poderem ser muito violentos, há algo nas práticas alternativas que inevitavelmente as conduzem a um embate muito mais direto com os conhecimentos e técnicas psi.

Os confrontos com as medicinas científicas

Uma das características das "alternativas", mesmo quando visam diretamente o corpo, é a de não operar uma cisão muito acentuada entre corpo e mente. Por exemplo, as dietas alternativas não visam apenas saúde somática, mas também saúde psíquica. As próprias noções de "harmonias" e de "energia" de que falava anteriormente ajudam a desfazer uma barreira muito nítida entre os dois domínios. Com isso, estas práticas alternativas podem ser, mais facilmente, desqualificadas como charlatanice pelo discurso médico oficial que, de acordo com suas bases na filosofia da modernidade, separa nitidamente os dois campos. Há, inclusive, um discurso médico "tolerante", que afirma que no tratamento de doenças graves e mortais a medicina oficial é imbatível, mas que para doenças crônicas, permanentemente incômodas e parcialmente imaginárias, as medicinas alternativas "podem ajudar". No primeiro caso, estaríamos diante de uma doença puramente somática a exigir um tratamento sério e científico; no outro, diante de uma "somatização"... é como se dissessem: para uma doença imaginária, uma medicina de mentirinha[31].

Os confrontos com as psicologias ditas científicas

No que concerne à maioria dos conhecimentos psicológicos, a situação é muito diversa; de uma certa forma, quase todas as psicologias contemporâneas são efetiva ou potencialmente alternativas à cisão corpo-mente. Em acréscimo, todas ou quase todas mobilizam processos e geram efeitos que concernem à dimensão ética da existência, reproduzindo velhas formas ou instituindo formas novas de relação com os outros e consigo mesmo, possibilitando assim, eventualmente, novos modos de estar no mundo, novas *instalações do humano*. Isto significa que o confronto entre as práticas alternativas e as práticas psi oficiais é muito mais direto e iniludível, já que ambas parecem disputar um mesmo terreno.

Ora, a resposta mais fácil dos psicólogos a este desafio tem sido a de reivindicar para si, genericamente e sem considerar a própria diversidade teórica da área, um estatuto de cientificidade que excluiria os "alternativos" da competição. Como tenho argumentado em diversas ocasiões, esta linha de defesa é duplamente problemática. Em primeiro lugar, não considera, como disse acima, a diversidade que reina no campo psi e que exigiria avaliações epistemológicas e metodológicas precisas de cada teoria e avaliações da eficácia e eficiência de cada técnica. Se isso fosse feito seriamente, não duraria muito o en-

---

31. É interessante assinalar que esta compreensão das coisas parece muitas vezes estar por trás de alguns encaminhamentos que alguns médicos fazem de certos pacientes ao atendimento psicológico, principalmente em ambiente hospitalar.

tendimento entre escolas e sistemas psicológicos que parece existir nestes momentos em que o importante parece ser a demarcação entre uma prática legítima e uma prática suspeita; na verdade, esta aliança entre psicólogos de diferentes orientações costuma ser puramente estratégica, pois se mantém apenas para dar uma certa credibilidade a estes profissionais na sua luta contra os "invasores". Por outro lado, e é o mais grave, esta linha de defesa está completamente aquém do nível de reflexão "epistemológica" e "metodológica" já alcançado nos campos da filosofia e de muitas outras disciplinas científicas. Efetivamente, trata-se, quase sempre, de um uso oportunista e/ou ingênuo de velhos conceitos de "cientificidade".

Creio que a questão exija ser trabalhada em um outro plano, ou seja, que tanto as chamadas práticas alternativas quanto as diversas escolas e sistemas da psicologia sejam confrontados no plano da ética, enquanto *dispositivos éticos* tomados como *dispositivos de constituição de subjetividades*.

Ora, já tive a oportunidade de mostrar[32] que a diversidade teórica da psicologia corresponde aos diversos lugares que estes sistemas ocupam na configuração contemporânea das práticas sociais. Ocorre, então, que no plano da ética não seria correto colocar de um lado o conjunto das práticas alternativas e de outro o conjunto dos conhecimentos e práticas da psicologia oficial. Creio que, em determinados aspectos, há muita coisa em comum entre eles. Na verdade, vejo muitas das conquistas do pensamento psicológico como reais alternativas aos impasses éticos contemporâneos e não gostaria de associar o termo "alternativo" a algo suspeito e desqualificável. Por ou-

---

32. No já citado "Os lugares da psicologia".

tro lado, o que me parece merecer uma postura crítica nas práticas alternativas também está presente em muitas das práticas oficiais. Tomemos como exemplo a questão da "familiaridade", intimamente ligada à da morada.

A demanda por casa, raiz, pertinência, participação e familiaridade, como disse antes, foi inicialmente expressa em muitas vertentes do movimento romântico desde os séculos XVIII e XIX. Estou adotando aqui uma noção bastante ampliada de "familiaridade": ser familiar às pessoas, mas também às plantas e animais, às forças da natureza, enfim, uma familiaridade cósmica. Hoje, muitas das práticas alternativas renovam este veio romântico de familiarização com o cosmos, seguramente porque a configuração sociocultural contemporânea vem gerando condições existenciais para as quais as éticas liberal e disciplinar não oferecem qualquer resposta[33]. Cabe, porém, a pergunta: será que esta índole romântica também não estará presente em muitas formas de pensar e fazer psicologia?[34] Em alguns casos a própria teoria favorece e patrocina a familiarização, como ocorre nas chamadas *psicologias humanistas*. Mas, independentemente da teoria, uma certa familiarização não estará presente em toda clínica psicológica e psicanalítica? Não será verdade que o *setting* clínico responde de um certo modo a esta demanda de uma relação familiar, a esta necessidade de um *estar-em-casa*, de um *habitar sereno e confiado*?

33. Não obstante a dominância do polo romântico, que dá o tom dos discursos alternativos, convém, todavia, assinalar como neles também se manifestam traços dos eixos liberal e disciplinar. Uma noção polivalente como a de "energia" e a valorização da noção de "trabalho" (como na expressão "trabalho corporal", por exemplo), analisadas por Soares, são, sem dúvida, tributárias destes outros polos da cultura contemporânea.

34. Acerca disto, ver meu livro *Matrizes do pensamento psicológico* (Vozes, 2ª ed., 1993).

No entanto, e aqui reside o cerne da questão, há diversas maneiras de lidar com esta demanda. Ela pode ser teoricamente ignorada, embora, silenciosamente, respondida, ou ela pode ser convictamente justificada e satisfeita. Nos dois casos, contudo, penso que a satisfação se dará sempre no plano do imaginário. Embora este plano seja constitutivo das identidades, ele não compreende toda a dinâmica existencial nem tem os recursos necessários para um desenvolvimento psíquico saudável. Em outras palavras: embora a sugestão tenha a sua eficácia, nem tudo se resolve com sugestão. Ao contrário, tanto a procura como a oferta de soluções imaginárias são da ordem do sintoma. Realmente, não importa quão integrado ao cosmos se sinta o indivíduo diante de seu mapa astral; não importa quão seguro de sua identidade e de seu destino se sinta o indivíduo que consulta os búzios ou o horóscopo: *o fato é que muitos aspectos de sua experiência permanecerão desligados deste esquema compreensivo e continuarão ameaçando e destruindo sua capacidade de integrá-los, fruí-los, pensá-los, torná-los produtivos, etc.* Por exemplo, o próprio modo (fundamentalmente experimental e instrumental) de escolher, comprometer-se e lidar com estas crenças e práticas alternativas revela, como bem mostrou Luiz Eduardo Soares, a presença subterrânea entre os seus adeptos de um padrão *moderno, subjetivista e individualista* de conduta, característico, exatamente, daquela *ética da eficácia* a que as práticas alternativas procuram dar respostas e soluções[35]. Em outras palavras: o *ethos familiarista*

---

35. Vale a pena citar: "Se a característica-chave da modernidade, do ponto de vista teológico... é o deslocamento da religião, afastada do centro da vida social, e sua substituição por princípios laicos de legitimidade política, processo que resulta na *transformação do compromisso religioso em mais um exercício de opção da subjetividade individual...* poder-se-ia sugerir que o *fenômeno da 'nova consciência religiosa' repre-*

do complexo alternativo engendra, à sua revelia, experiências que reafirmam o desenraizamento, o estranhamento; estas experiências estranhas, contudo, ele não pode reconhecer e acolher.

Coisa diferente seria *reconhecer a demanda de familiarização para nomeá-la, interpretá-la, elaborá-la.* Nesta forma de lidar com a demanda de familiaridade tratar-se-ia de, simultaneamente, *oferecer o familiar, e propiciar a admissão do e o encontro com o estranho*: o estranho dos outros e, principalmente, o estranho de/em cada um. Estaríamos, assim, eticamente implicados em uma dupla vertente que poderíamos nomear tomando de empréstimo algumas palavras da filosofia: *Serenidade* (Heidegger) – o habitar sereno e confiado como condição para a abertura e o encontro; *Amor facti* (Nietzsche) – amor aos fatos e aos fados, acolhimento do inesperado e aleatório, escuta paciente de outras vozes apenas entreouvidas, espera do outro que nos vem ao encontro e desaloja.

Ora, a linha que separa esta ética do que seria a pura aceitação da demanda de familiaridade não coincide com a linha que divide os saberes e práticas psi convencionais das práticas alternativas. Sem dúvida que estas últimas, em geral, nasceram e se expandiram satisfazendo estas demandas. No entanto, o mesmo poderia ser afirmado de grande parte da clínica psicológica e mesmo psicanalítica. Enfim, nesta questão, como sempre, devemos renunciar a qualquer solução pré-fabricada e preconceituosa para nos dedicarmos à paciente tarefa do pensamento.

senta a realização, talvez mais rigorosa e radical, da experiência religiosa moderna" (Soares, op. cit., p. 211; grifos meus).

PARTE II
O fazer-se da psicologia

5
A interdisciplinaridade e o conhecimento psicológico

Ou multidisciplinaridade, interdisciplinaridade, transdisciplinaridade e indisciplinaridade (notas para uma palestra)*

Comecemos relembrando as regras que Descartes estabeleceu para o progresso do conhecimento científico, tais como apresentadas no *Discurso do método*:

• Ensina a primeira: "duvidar de tudo que não seja por si mesmo evidente de modo claro e distinto";

• A segunda recomenda: "dividir cada dificuldade em tantas partes quanto possível e necessário para resolvê-la";

---

* Palestra proferida na Semana de Psicologia da Unip, 1993. O texto foi publicado originalmente no suplemento "Escuta" do *Jornal do CRP 04*, em mai.-jun./1994.

- E, finalmente, a terceira sugere: "pôr em ordem os pensamentos, começando pelos assuntos mais simples e mais fáceis para atingir, paulatina e gradativamente, os mais complexos".

As duas últimas regras (nas *Regras para a direção do espírito* esta problemática aparece a partir da quinta regra e é desenvolvida na sexta, na nona, na décima-primeira, etc.) definem a concepção cartesiana e moderna de método: todo método consiste em fazer progredir o conhecimento seguindo a ordem e disposição dos objetos e indo sempre dos mais simples aos mais complexos. Há, portanto, uma direção muito clara: a direção da análise. Analisar é separar, desligar uma coisa da outra para poder, no caso da ciência, deter-se e aprofundar-se em cada uma. Deste método analítico provém, seguramente, um processo crescente de especialização, ou seja, de divisão e subdivisão dos domínios, cada um circunscrevendo uma região de fenômenos, o das disciplinas científicas. É preciso que se diga, contudo, a bem da verdade, que Descartes também disse, nos comentários à primeira regra enunciada nas *Regras para a direção do espírito,* que

> se alguém quiser buscar honestamente a verdade não deve optar pela escolha de uma ciência particular; estão todas unidas entre elas e dependentes umas das outras.

Aqui parece claro que ele está antecipando a questão da multidisciplinaridade, isto é, da (re)combinação dos saberes especializados. Efetivamente, tanto a divisão e a subdivisão das disciplinas como a necessidade de reuni-las e fazê-las convergir para alvos comuns, ou seja, a necessidade de uma atividade multidisciplinar, fazem parte do pensamento moderno acerca da prática científica.

Os dois aspectos mencionados (especialização e multidisciplinaridade) pressupõem determinadas concepções ontológicas, ou seja, determinadas maneiras de conceber a realidade a ser estudada. Poderíamos falar destas concepções designando-as como sendo a matematização do real. Isto significa conceber a realidade sob a forma homogeneizada de um sistema – o sistema da natureza – apto a descrições precisas e ao cálculo exato. Calcular é estabelecer relações rigorosas entre partes ou aspectos da realidade e delas extrair informações que nos permitam explicar, prever e, eventualmente, controlar os fenômenos. Para que seja possível descrever com precisão e calcular com exatidão é necessário supor que a natureza seja uma e que haja na natureza tanto linhas naturais de fratura, definindo os limites de cada fenômeno e de cada região ou domínio, como inter-relações regulares entre os fenômenos e os domínios. A partir dessas suposições pode-se esperar que o estudo progrida ao mesmo tempo no rumo de uma crescente especialização e no de uma acumulação multidisciplinar de conhecimentos, já que cada disciplina e subdisciplina naturalmente se ajustaria e complementaria todas as outras e, em particular, as que tratassem de fenômenos mais próximos. É assim que se deu, efetivamente, a institucionalização da(s) ciência(s): observa-se ao longo dos séculos e, com a aceleração do progresso científico, ao longo das décadas a formação de novas disciplinas e sua subdivisão com a correspondente especialização e autonomização das práticas de pesquisa.

    Não há dúvida de que em muitos aspectos devemos a esta maneira de conceber a realidade e a esta maneira de estudá-la os grandes avanços contemporâneos do "conhecimento científico" e das tecnologias; as fronteiras entre disciplinas vão dando lugar a novas disciplinas, à formação de novos domínios, permitindo uma penetração mais profunda na realidade; por outro lado, a tecnologia vai crescendo cada vez mais apoiada na multidisciplinaridade, ou seja, na convergência de muitos conhecimentos de variada procedência para a produção de equipamentos e utensílios.

Será que seria esta também a situação dos conhecimentos psicológicos?

Gostaria de iniciar relembrando W. Wundt, um dos pioneiros da psicologia como ciência *sui generis* e que chamou a psicologia de "ciência intermediária". Com esta denominação Wundt colocava a psicologia como uma ciência entre outras ciências, como uma disciplina entre disciplinas, ou seja, como uma *ciência interdisciplinar*. É preciso que se entenda bem o sentido deste *entre*. É claro que toda ciência está sempre entre outras, ocupando o seu domínio bem determinado no sistema da natureza, o que permite, exatamente, que em dadas circunstâncias os esforços de várias disciplinas possam convergir: este é o sentido da multidisciplinaridade. No entanto, o *entre* implicado na natureza intermediária e interdisciplinar da psicologia teria outro sentido: não se trataria de uma disciplina apenas colocada entre outras, mas de uma disciplina constituída no e pelo "entre outras". Wundt, por exemplo, via a psicologia tanto como constituída nas suas relações com as ciências biológicas – e, neste caso, a psicologia era *psicologia fisiológica e experimental* – como constituída nas suas relações com a antropologia, a filologia e os estudos da linguagem e da religião, etc. – e, neste caso, a psicologia era *etnopsicologia, psicologia dos povos ou psicologia social*. Mas, a psicologia deveria ser ambas as coisas ao mesmo tempo, ou seja, ela só seria ela própria ao estabelecer relações fundamentais com as ciências biológicas e com as ciências da cultura. O problema é o de como integrar em uma psicologia só estas duas metades. Efetivamente, as ciências naturais e as ciências da cultura não compartilham as mesmas concepções básicas sobre seus objetos. Os objetos das ciências naturais são eventos determinados pela sua inserção em uma ordem natural: eles "produzem efeitos", são "produzidos", "funcionam", etc., nesta inserção. Já os fenômenos da cultura são fenômenos expressivos, ou seja, são tomados como ações ou obras de sujeitos individuais ou coletivos. Por exemplo, tomemos um sonho: como fenômeno natural podemos, em um nível primário de explicação, colocá-lo como resultado de uma digestão difícil, o que torna o sonho um fenômeno fisiológico. Em um nível mais sofisticado, mas no mesmo plano naturalizante, o sonho pode ser associado a determinados modos de funcionamento cerebral. Impedindo-se o sonho, o que se consegue interrompendo o sono do sujeito cada vez que se verifica uma emissão de ondas características do estado cerebral correspondente, produzem-se transtornos graves na vida psíquica e na conduta, o que sugere a importância do sonhar na manutenção da normalidade psicofisiológica. Em um outro plano, contudo, o mesmo sonho pode ser aprendido como premonição ou como uma mensagem dos deuses. Neste mesmo plano, mas em um nível mais sofisticado, os sonhos podem ser vistos como obras de um inconsciente (individual ou coletivo, conforme postula C.G. Jung). Seja como palavra divina sussurrada ao sonhador enquanto dorme, ou como produto de sua vida mental inconsciente, o sonho é aqui concebido como mensagem a ser decifrada. Um mesmo sonho, portanto, pode dar lugar a explicações ou a interpretações. Entre estes dois planos não é nada fácil transitar. O próprio Wundt, no meu entender, acabou lançando as bases para duas psicologias (a experimental e a social) e não para uma psicologia intermediária e interdisciplinar. Até hoje, embora a noção de ciência intermediária não seja lembrada, grande parte da psicologia vive este impasse.

De uma forma ou de outra, isto transparece nos currículos de formação de psicólogos: disciplinas biologizantes e disciplinas histórico-sociais falando do *humano* coisas que não se juntam facilmente, porque não se assentam nas mesmas concepções básicas acerca dos seus objetos; as diversas teorias e sistemas do pensamento psicológico, igualmente, diferenciam-se, entre outras coisas, por posicionarem-se ou mais próximos das ciências biológicas – e daí a psicologia seria uma das ciências naturais entre outras – ou mais próximos das ciências sociais ou da cultura – e daí a psicologia é vista como uma das ciências humanas. Até nos vestibulares se nota a presença desta questão: em algumas universidades o vestibular para psicologia corre na faixa das humanidades e em outras na faixa das ciências biológicas.

O que poderia ser, afinal de contas, uma psicologia que se constituísse, efetivamente, como saber interdisciplinar? É preciso reconhecer que, no campo dos saberes psi, somente a psicanálise ousa, a duras penas, estabelecer uma ponte, e, mais que isso, estabelecer-se *na ponte*, entre os dois grandes domínios (biologia e cultura, ou, dito de outra forma, natureza e sociedade), para daí constituir-se como um saber *sui generis*. *Sui generis*, sim, desde que se entenda que sempre se tratará de uma independência relativa e conquistada no "entre" e sempre nos remetendo a estas duas ordens: a ordem dos fenômenos vitais e de suas leis e a ordem dos fenômenos expressivos e dos seus sentidos. Creio que não há como dar conta do humano, da constituição e da dinâmica das subjetividades senão batalhando pela construção deste lugar tão precário.

Efetivamente, a interdisciplinaridade, neste sentido forte da palavra, jamais será uma posição cômoda e estável. É verdade que nenhuma disciplina científica pode estar segura de que seus limites estão dados de uma vez por todas: tanto ela deve estar aberta a subdivisões internas – a novas especialidades – como ela deve ser capaz de ajustar-se ao que se passa nas disciplinas afins, que laboram domínios próximos. A situação, porém, ainda é mais inquietante no caso da interdisciplinaridade: um saber interdisciplinar, constituído no e como "entre disciplinas", está sempre sujeito a dois riscos. Um é o risco de se descaracterizar pendendo unilateralmente para algum dos campos que o constituíram, o que é uma grande tentação quando estes campos se organizam sobre princípios incompatíveis. Por exemplo, a psicanálise se descaracteriza, se pende para o campo das ciências biológicas – como a medicina – e adota acriticamente seus pressupostos, seus modelos teóricos e de intervenção e suas metas. Mas, ela também se descaracteriza, se pende unilateralmente para o campo das ciências da cultura: seria o caso, por exemplo, se concebermos a interpretação psicanalítica segundo o molde de uma interpretação literária, histórica ou antropológica.

No entanto, há um outro risco talvez ainda mais sério e de consequências mais nocivas: o risco de perder o seu caráter interdisciplinar fechando-se aos outros saberes, deixando de ser atravessada por eles, para enfrentá-los e, de alguma forma, incorporá-los. Ou seja, uma ciência interdisciplinar deveria, para manter-se viva e crescer, abrir-se para um pensamento e para uma prática de pesquisa *transdisciplinar*, ou seja, para um pensamento capaz de circular, afetando e sendo afetado por outros saberes. É isto, por exemplo, que Freud propõe para a ótima formação de um psicanalista e que, de fato, faz parte tanto de sua própria formação como do seu modo de produção teórico. Em acréscimo, ao falar do interesse da psicanálise, Freud menciona uma série de disciplinas afins que, de diferentes maneiras, poderiam se beneficiar dos saberes psicanalíticos.

Em outras palavras: na condição de uma disciplina interdisciplinar, a psicologia, aqui representada exemplarmente pela psicanálise, deveria ser capaz de atravessar e ser permanentemente atravessada por outros saberes, o que daria a esta "disciplina" um curioso aspecto, o de ser, para além da interdisciplinaridade constitutiva e da transdisciplinaridade obrigatória, um saber fecundamente indisciplinado, ou seja, um saber que pela sua própria natureza está sempre transgredindo os limites da disciplina.

Como dificilmente uma instituição de ensino consegue manter-se à altura desta exigência de indisciplina – a própria transdisciplinaridade já lhe é uma carga difícil de suportar –, estes passeios ao léu, tão indispensáveis à nossa formação e ao exercício do nosso ofício, devem ser – não há outro jeito – da iniciativa de cada um.

Aonde, afinal, pode ir se formando um psicólogo? (e digo "ir se formando" porque nunca estaremos completamente formados). Na universidade, em parte. Nas instituições de ensino e formação especializadas, também em parte. Em práticas supervisionadas, em grande parte. Mas, também, e indispensavelmente, num contato amplo e variado com a boa literatura, com as obras de arte, com a meditação filosófica, com os estudos históricos e antropológicos, de um lado, e, de outro, no acompanhamento, mesmo que à distância, do rico campo dos estudos psicobiológicos e etológicos. Realmente, uma tarefa interminável e para toda uma vida, mas, sem dúvida, uma vida muito interessante e sempre em movimento.

6
Teorias e práticas na psicologia clínica: um esforço de interpretação*

Apresentação

Aproveito a oportunidade de tratar da psicologia à luz de uma interrogação quanto às suas (ou nossas) *alternativas* para retornar a uma questão a que venho dedicando-me já há algum tempo, que tem estado sempre muito presente nos cursos que ofereço na pós-graduação em Psicologia Clínica da PUC-SP e que já tive ocasião de apresentar a um público mais amplo em uma reunião científica da Associação Nacional de Pesquisa e Pós-graduação em Psicologia. Contudo, não pretendo estar aqui apenas repetindo o que já falei anteriormente, mas trazendo para vocês algumas elaborações mais recentes que têm como base e ponto de partida minha palestra na Anpepp. Farei um esforço no sentido de mostrar como uma dada compreensão das relações entre teorias e práticas no

---

* Versão ampliada de uma palestra apresentada na mesa-redonda Psicologia/Alternativas, promovida pelo CRP 4ª Região em Belo Horizonte, 27/08/1993.

campo da clínica psicológica e psicanalítica incide diretamente na compreensão que podemos articular acerca de nossas alternativas, seja na produção do conhecimento, seja no exercício profissional, seja, ainda, nas atividades formativas a que muitos de nós nos dedicamos.

Considerações preliminares

É comum que se faça uma distinção entre psicologia básica e psicologia aplicada, que corresponde, nas estruturas curriculares, à distinção entre formação básica e formação profissionalizante. O que se poderia deduzir dessas dicotomias é a tese de que o conhecimento da psicologia básica – um conhecimento acadêmico – deve ser convertido em procedimentos técnicos de forma a ser aplicado às atividades do profissional da psicologia. Contra esta visão excessivamente simplista e que muito claramente não corresponde ao que se passa nas atividades práticas do psicólogo, pode-se argumentar que esta modalidade de relação unidirecional jamais esteve presente nas obras técnicas e no exercício efetivo de homens como Freud, Jung, Rogers, entre inúmeros outros. A partir dessas experiências seria necessário, no mínimo, conferir às práticas um estatuto cognitivo incompatível com a noção de que sejam meras aplicações de conhecimentos básicos. Elas, muito claramente, estão nas origens das teorias e estas, embora possam ser dirigidas a outros alvos – como é o caso dos chamados estudos de psicanálise aplicada a fenômenos culturais –, têm como destino precípuo a prática de onde emergiram. Muito bem, mas será que isso resolve a questão? Creio que não; creio que as relações entre teorias e práticas são ainda mais complexas do que está sendo proposto nessa concepção bidirecional das suas relações.

As formas do conhecimento

Para desenvolver meus argumentos tomarei como pontos de partida algumas ideias elaboradas por M. Polanyi (1958; 1960) e por P. Feyerabend (1991). Antes de expor as minhas considerações, será útil uma rápida apresentação dos conceitos e propostas de análise introduzidas por esses dois autores. Nessa apresentação já estarei, contudo, introduzindo algumas ideias que me foram inspiradas por eles, mas que são da minha exclusiva responsabilidade.

A contribuição decisiva de Polanyi consistiu na formulação do conceito de *conhecimento tácito* ou *pessoal* em oposição ao que chamou de *conhecimento explícito* e que nós poderíamos também designar, apropriadamente, de *conhecimento representacional* ou *teórico*[1].

O *conhecimento tácito* é, segundo o autor, o conhecimento *incorporado às capacidades* afetivas, cognitivas, motoras e verbais de um sujeito. O que caracteriza este conhecimento é ser de natureza eminentemente pré-reflexiva. Ele, na verdade, oferece uma certa resistência aos discursos representacionais objetivadores: vale assinalar, inclusive, que etimologicamente *tácito* é *calado, silencioso*, e a esta acepção, que não é explorada por Polanyi, retornaremos mais tarde.

---

1. Duas observações cabem neste momento. A primeira é que, como veremos adiante, as teorias talvez sejam, atualmente, os mais importantes dispositivos representacionais, mas não são de forma alguma os únicos. A segunda é que, a esta oposição entre *tácito* e *explícito*, poderíamos fazer corresponder, grosso modo, a oposição proposta por G. Ryle entre *knowing how* e *knowing that*, no clássico *The concept of mind* (Penguim, [1949] 1976, p. 26-60).

A dificuldade de "fazer falar o tácito" advém do fato de que o *conhecimento pessoal* existe em um plano de experiência em que sujeito e objeto ainda não se constituíram como entidades relativamente independentes uma da outra. O conhecimento tácito da pianista, por exemplo, que está incorporado aos seus ouvidos afinados, aos seus olhos que leem a partitura, aos seus braços, mãos e dedos, não é um conhecimento subjetivo acerca de objetos: é um conjunto de habilidades, um conjunto de disposições ordenadas e eficazes entranhadas no corpo da pianista. Refletir acerca de qualquer das operações implicadas na execução, descrevê-las, descrever os objetos em que a execução se apoia – por exemplo, as teclas e o pedal do piano –, tudo isso interromperia ou atrapalharia seriamente o processo. Nessa medida, relatar essa experiência ou transformá-la em regras e instruções é algo sempre precário quando não inviável. É claro que, no início do aprendizado e durante os treinos, muitas vezes, pode ser útil um esforço representacional e reflexivo. No entanto, o que vale a pena assinalar é que estes momentos devem ser totalmente superados e o *conhecimento pessoal* ou *tácito* deve ser totalmente *incorporado* e *silenciado* para que uma execução possa ser ouvida. Esta incorporação dependerá, fundamentalmente, da experiência de aprendiz, do seu treino.

Em contraposição ao *conhecimento tácito*, Polanyi coloca o *conhecimento explícito*, ou seja, o conhecimento que se torna disponível na forma de sistemas de representação, como é o caso de uma teoria. Aqui, já se instalou o fosso entre sujeito e objetos: o conhecimento representacional é, pelo menos na intenção, um conhecimento objetivo e objetivador; ele traz consigo a exigência de ser um conhecimento reflexivo, ou seja, um conhecimento que se sabe como tal e que, nessa medida, está disponível para uma autoavaliação e para autocorreções. Esta é, inclusive, uma das principais vantagens do conhecimento explícito: ele é muito mais acessível às críticas do que o conhecimento tácito que, como veremos adiante, corre o risco da rotinização e da mecanização.

Uma outra distinção importante proposta por Polanyi, que está associada, mas não coincide com a anterior, é a que opõe o *conhecimento focal* ao *conhecimento subsidiário*.

Conhecimento focal é o conhecimento que implica na apreensão temática de aspectos particulares do mundo. Essa apreensão garante para seus objetos uma grande nitidez. No entanto, por si só, ela é totalmente carente de compreensividade. Compreender, no sentido de "apreender com", é *configurar*, ou seja, propiciar a formação de uma figura identificável, reconhecível. Ora, a configuração envolve necessariamente o que Polanyi denomina de *conhecimento subsidiário*: trata-se de uma apreensão não temática de partes do mundo que, no entanto, contextualizam, servem como fundo para aquilo que entra no foco.

As relações entre *conhecimentos focais* e *subsidiários* podem ser concebidas, aproximadamente, como relações entre figuras e fundos. Embora o fundo esteja fora de foco e possa passar em grande parte despercebido – é como se não fosse visível – sabemos que é esta apreensão não temática do fundo que garante as possibilidades de formação e significação das figuras. Poderíamos assim dizer, acompanhando Polanyi, que ter uma "consciência subsidiária é como habitar no assunto de que estamos subsidiariamente conscientes" (1959: 32)[2]. Em outras palavras: *nós possuímos conhecimentos focais significativos porque somos possuídos pelo conhecimento subsidiário em que vivemos.*

O que entra nessas margens da consciência que são os *conhecimentos subsidiários?* Em primeiro lugar, nosso próprio corpo, seus estados e movimentos estão presentes como fundo em todas as visadas temáticas, em todas as focalizações. Não só o corpo, mas todos os seus anexos culturais, ou seja, todos os seus instrumentos, as ferramentas e "noções" de que o corpo se vale para perceber e agir no mundo também estão presentes dessa maneira. Nesta medida, a história desse corpo e a história da sociedade em que esse corpo existe também fazem parte do fundo apreendido subsidiariamente, e que é a condição de qualquer configuração. Em outras palavras, apesar do nome *"subsidiário"* sugerir que o *conhecimento focal* seja primitivo, em termos de uma relação inteligível com as coisas do mundo, com as figuras que nele se podem formar, o *conhecimento subsidiário* é básico.

Ora, a relação desse *conhecimento subsidiário* com os discursos e sistemas representacionais é complexa e surpreendente. Em primeiro lugar, deve ser claro que, assim como havíamos visto no caso do *conhecimento tácito*, o *subsidiário* resiste à representação, já que, por

---

[2]. Acerca do habitar, ver também o quarto capítulo do presente livro, intitulado "Ética, saúde e as práticas alternativas". Trazendo o que lá é elaborado para o atual contexto, poderíamos dizer que os saberes subsidiários são a "morada" dos sujeitos e dos objetos da experiência – as figuras do conhecimento focal – e neles se encontra, de forma concentrada, a dimensão ética dos conhecimentos.

sua natureza, é o que existe no registro do implícito e do disperso. É claro que se pode, até certo ponto, eleger um dos itens do *conhecimento subsidiário* para ser alvo de uma focalização. Nesse momento, contudo, ele já não é mais nem funciona mais como anteriormente, e para que ele se configure outros aspectos devem estar ocupando seu lugar como fundo. Ou seja, ao fundo como fundo, aos elementos de uma *consciência subsidiária* enquanto tais nunca chegaremos e, nesta medida, nunca se poderá focalizá-los o bastante para que deles se elabore uma representação nítida, completa, sistemática. No entanto, há ainda um outro aspecto a assinalar: o *conhecimento explícito* ele mesmo só opera e só existe como conhecimento se é também incorporado ao *conhecimento subsidiário*. A compreensão de uma teoria não se confunde com a sua mera apreensão focal. *Compreender uma teoria é incorporá-la, é silenciá-la, é poder dela dispor sem fazer dela o alvo de um conhecimento focal, é ter dela uma consciência não temática, como condição de interpretar as coisas do mundo, configurá-las, focalizá-las para agir sobre elas.* Enfim, a teoria é útil quando recua para a condição de fundo silencioso, permanecendo nas margens da consciência focal.

Retornando ao meu ponto, penso que é essa ideia de um *conhecimento subsidiário* que revela a dominância do *conhecimento tácito* sobre o *explícito e representacional*. Poderíamos dizer que nas origens o *conhecimento tácito* precede o *explícito*; poderíamos ainda afirmar que a destinação de todo *conhecimento representacional* é sua incorporação e retorno à condição de disposições corporais; mas devemos também dizer que a cada momento o sentido dos sistemas representacionais e dos discursos teóricos é dado pela apreensão não temática que deles somos capazes. Ou seja, a experiência pessoal é origem, destino e contexto de significação de toda teoria.

Os meios e estratégias representacionais

Até agora, tenho-me referido ao conhecimento explícito tomando-o quase como sinônimo de conhecimento teórico. Realmente, as teorias são uma das formas em que os conhecimentos explícitos são articulados e, sem dúvida, a forma teórica é a que domina todas as demais na cultura ocidental moderna. No entanto, será preciso, para dar continuidade ao meu argumento, considerar os meios e estratégias representacionais no seu conjunto.

Em *O conhecimento e o papel das teorias*, P. Feyerabend também começa, apoiado em Polanyi, insistindo na dominância do *conhecimento tácito* e na sua resistência a uma explicitação integral. Feyerabend, porém, sugere que os trânsitos entre *conhecimento tácito* e *conhecimento explícito* dependerão dos meios e estratégias representacionais adotados. Em particular, ele menciona entre os dispositivos representacionais capazes de sintetizar os elementos da experiência as *listas*, os *esquemas classificatórios*, as *narrativas dramáticas*. Estes dispositivos pertencem ao que ele denominou *tradições empíricas* ou *históricas*. São dispositivos representacionais que se colocam em um nível relativamente baixo de abstração e permanecem relativamente próximos ao *conhecimento tácito* de origem. Ao tecer essas considerações, Feyerabend não pretende estar apontando uma deficiência nessas formas de representar o campo da experiência. Ao contrário, ele pretende reabilitar a pluralidade de meios de que o homem pode dispor e deve legitimamente usar para enriquecer suas relações com o mundo. Ele reivindica para estes dispositivos o valor de conhecimento, enquanto capacidade de captar e interpretar fenômenos, ou seja, de propiciar configurações. Na verdade, Feyerabend é muito mais crítico do que ele denomina *tradições teóricas*, ou seja, as tradições que recusam a multiplicidade dos meios para instaurar o império das representações teóricas. Para tanto, procuram eliminar a complexidade da experiência de forma a reduzi-la a conceitos e sistemas conceituais de validade universal e trans-histórica. As teorias visam focalmente seus objetos, extraindo-os do vasto e complexo cenário compreensivo organizado pelas práticas sociais e históricas. Ou seja: as teorias ignoram intencionalmente – e não por acidente e casualidade – tudo que pertence ao fundo, ao campo dos *conhecimentos subsidiários* na sua concretude e complexidade. *O mundo em que vivemos – "o assunto em que habitamos" – fica, portanto, excluído dos discursos teóricos que concentram seus focos apenas naquilo que pode sustentar um sistema representacional, ou seja, nas figuras.*

Ora, é sob o domínio hegemônico do ideal teórico-epistemológico que toda a cultura ocidental viveu, desde pelo menos o século XVII até os dias de hoje, embora atualmente esta hegemonia esteja sendo radicalmente contestada[3]. Hoje se discute, e os próprios textos de Polanyi e Feyerabend o atestam, a pertinência deste ideal

---

3. Ver a respeito, entre outros, mas muito especialmente, Rorty, R. *Philosophy and the mirror of nature* (Princeton University Press, 1979).

para todas as áreas do saber e dos fazeres. Não pretendo neste momento ir tão longe; a questão, todavia, é: será que a supervalorização dos conhecimentos explícitos e, entre eles, a dominância dos conhecimentos teóricos dão conta dos problemas que nos concernem enquanto psicólogos, produtores de conhecimentos psicológicos e professores de psicologia?

As teorias e práticas na clínica psicológica e psicanalítica

Que as práticas psicológicas estejam em uma medida incomum impregnadas de, e orientadas por, *conhecimentos tácitos* não me parece comportar discussão. Basta que se veja o papel atribuído às experiências pessoais do aprendiz, que vão muito além do que ele poderia aprender nos melhores livros e com os melhores professores. Poderíamos designar este *conhecimento tácito* como um *saber do ofício*, de natureza eminentemente artesanal. Como e o que esperar das relações deste *conhecimento tácito*, dura e longamente adquirido, com os sistemas representacionais e, em especial, com as teorias?

Devemos, creio, começar por desfazer uma ilusão, muitas vezes professada ou mantida como ponto pacífico e óbvio. Falo da ilusão de que seria possível e necessário elaborar um *conhecimento explícito*, objetivo e reflexivo, que fosse uma cabal reprodução da experiência. Penso que é realmente necessário levar a sério a ideia de que a experiência incorporada, o *conhecimento tácito e pessoal*, entranhado no corpo, não é totalmente transparente e convertível em teoria. Mas, na direção inversa, é preciso também se resignar diante do fato de que os sistemas representacionais nunca serão totalmente incorporados às práticas, melhor dizendo, eles serão sempre compreendidos de acordo com as possibilidades abertas pelos *conhecimentos subsidiários*.

No entanto, creio, também, que seria equivocado dispensar todo esforço de explicitação e desprezar as formas e modalidades de *conhecimentos explícitos*. Seria perigoso confiar cegamente no *conhecimento pessoal* que, pela sua própria natureza, é muito vulnerável à rotinização e à repetitividade. Minha sugestão é que as relações entre *conhecimentos tácitos* e *conhecimentos explícitos*, entre experiências e discursos representacionais devem ser mantidas em um ótimo nível de *tensão*. Isso implica a *não coincidência* – ou seja, a teoria não deveria coincidir com a "prática" –, mas implica a *pertinência* –, ou seja, a teoria deveria dizer respeito à "prática". O que se poderia ganhar com esta tensão?

Para responder essa questão seria necessário, de início, conceber para os dispositivos representacionais duas funções relevantes: em primeiro lugar, eles sugerem formas de organização da experiência, isto é, *são princípios para e fornecem critérios de focalização, ajudando os processos de configuração dos fenômenos clínicos*; em segundo lugar, porém, eles podem ter a função crítica de *desalojar os conhecimentos tácitos impregnados nas práticas mecanizadas, reintroduzindo nelas o espaço do encontro com o inesperado, o espaço da pesquisa, o espaço do pensamento*.

Assinalo que, em ambas as funções, está ausente qualquer pretensão à verdade por parte das teorias: o que está em jogo não é sua maior ou menor adequação aos seus objetos. Em ambas as funções o que está implicado tem a ver com a eficácia das teorias e não com a sua veracidade. No entanto, não se trata apenas de introduzir uma dimensão pragmática na avaliação dos sistemas representacionais. Ao participar dos processos de *focalização*, as teorias estariam colaborando na tarefa de dar inteligibilidade à experiência, engendrando figuras a partir dos elementos dessa experiência. Mas, não se trataria de esperar delas, principalmente, uma orientação segura para a prática e de avaliá-las pela sua funcionalidade instrumental. Ao contrário do que dizia L. Lewin – "Nada mais prático do que uma boa teoria" –, estou propondo que *a segunda função da teoria seja a de abrir no curso da ação o tempo da indecisão, o do adiamento da ação, tempo em que podem emergir novas possibilidades de escutar e falar*. Para tal, porém, é necessário que a teoria esteja "agindo em silêncio" e de forma a "fazer silêncio", aquele silêncio que é a condição primeira de uma verdadeira escuta do novo. É nesta medida que, no campo da clínica psicológica, representações e *conhecimentos tácitos* deveriam conservar-se a uma respeitosa distância uns dos outros. É neste sentido que o investimento em pesquisas eminentemente clínicas e que o investimento em uma formação intensamente prática – nos treinos – devem ser contrabalançados pelo investimento em pesquisas eminentemente teóricas e numa formação teoricamente exigente. Mas, vejam bem: não se trata de pensar apenas a proximidade e a complementaridade entre teorias e práticas, mas de pensar suas distâncias e diferenças: manter a tensão é deixar que a prática seja um desafio à teoria e que a teoria deixe que irrompam problemas para a prática[4].

No entanto, mesmo à distância a relação de pertinência precisaria ser sustentada. Aqui se abrem algumas indagações. Que níveis de representação estariam mais aptos a desempenhar este duplo e contraditório movimento? Como se facilitaria o encontro – frequentemente conflitivo – entre *conhecimentos tácitos* e *teorias*? Creio que as *narrativas históricas* e as *narrativas dramáticas* poderiam constituir-se nos dispositivos representacionais mais convenientes para operar essa mediação. Historiais e todo o conceitual elaborado e usado nas histórias de caso e nos relatos de sessão parecem colocar-se no nível ótimo de tensão entre *tácito* e *explícito*. No entanto, é preciso reconhecer que a composição de narrativas históricas e narrativas dramáticas requer um certo talento literário e um certo exercício da escrita. É notável a ausência desse tipo de preocupação e de treino nos cursos de formação de psicólogo, prejudicando sensivelmente a possibilidade dos profissionais se aproveitarem desses

---

[4]. A distinção e oposição entre *conhecimentos tácitos* e *subsidiários*, de um lado, e *conhecimentos explícitos* e *focais*, de outro, claramente não coincidem com a oposição proposta por diversos autores entre *discursos clínicos* e *discursos metapsicológicos*. Tanto as teorias da clínica como as metapsicologias pertencem ao campo do explícito. No entanto, também é verdade que as teorias da clínica estão muito mais próximas ao *saber* do ofício e que as metapsicologias, ao contrário, se configuram mais nitidamente como sistemas de representação teóricos, descarnados e descontextualizados. Talvez uma das virtudes e tarefa desses discursos metapsicológicos esteja vinculada exatamente à resistência destes discursos a qualquer tentativa de assimilação precipitada ao campo das experiências, tanto do paciente como do terapeuta. Com isso, as metapsicologias contribuíram decisivamente para manter a tensão de que estamos falando entre o tácito e os explícitos.

dispositivos representacionais que me parecem indispensáveis para que seja propiciada a tensão entre *saberes de ofício* e *teorias* acima advogadas. Ora, na ausência desses mediadores, o que tende a ocorrer com frequência é a dissociação não conflitiva entre teorias e práticas. As práticas, impregnadas de *conhecimentos tácitos* valiosíssimos, permanecem imunes aos questionamentos teóricos e tendem a gerar arremedos de teorizações sem qualquer rigor e sem qualquer eficácia crítica. As teorias, por sua vez, atuam frequentemente afastando os psicólogos do solo de suas experiências, rompendo drasticamente o contato com os *conhecimentos tácitos* e bloqueando a sensibilidade do profissional a tudo que está fora de foco, nas franjas da consciência. No entanto, não é preciso que as coisas fiquem assim: a segunda função atribuída às teorias – a de instituir o tempo da indecisão – longe de embotar, pode favorecer a nossa sensibilidade ao que se dá como *conhecimento subsidiário*, instaurando uma permanente oscilação entre figura e fundo, entre as vozes e os seus silêncios, ou seja, instaurando um permanente descentramento da escuta em relação a si mesma: escuta-se o que se oferece como figura e sentido, mas, ao mesmo tempo, escuta-se também o silêncio que margeia o foco, o virtual que nele reverbera. O que supõe, no exercício desta escuta, uma subjetividade descentrada e capaz de tirar partido do seu próprio descentramento. É dessa oscilação que podem emergir os *insights*. Em outras palavras, as teorias, se bem apropriadas pelo clínico e mantidas em uma tensão ótima com o *saber de ofício*, valoriza o *conhecimento tácito* e, em última análise, é esta valorização o que realmente importa.

Considerações finais

Restaria, agora, concluir colocando algumas questões acerca das nossas alternativas enquanto práticos, teóricos e formadores. Não é muito difícil perceber que os currículos de psicologia estão orientados por concepções das relações entre teorias e práticas muito diversas da que é aqui defendida. São concepções que ou bem conservam a antiga distinção entre psicologia básica e aplicada, ou que, na melhor das hipóteses, pensa o binômio teoria-prática apenas a partir do vértice da proximidade e da complementaridade, embora as realizações fiquem sempre muito aquém do pretendido. Reconhecer a dualidade do conhecimento psicológico – *saber tácito e pessoal do ofício* e *conhecimentos subsidiários* versus *saberes explícitos, teóricos e focais* – e, mais ainda, reconhecer que as relações entre esses polos envolvem diferenças radicais e conflitos, impõe estratégias muito diferentes tanto para o exercício profissional como para as práticas de pesquisa, como para as atividades de formação. Uma dessas estratégias seria, por exemplo, a de reabilitar os meios representacionais como as *narrativas históricas* e *dramáticas*, entendidos como o terreno próprio em que práticas e teorias se encontram e podem se desafiar. Este é apenas um detalhe – muitas outras consequências poderiam ser extraídas. Contudo, este pequeno detalhe já nos imporia uma imensa transformação tanto na consciência que temos de nós mesmos como nos processos formativos em que estamos envolvidos.

Referências bibliográficas

FEYERABEND, P. O conhecimento e o papel das teorias. *Adeus à razão*. Lisboa: Ed. 70, 1991.

POLANYI, M. Personal knowledge. Illinois, University of Chicago Press, 1960.

_____. *The study of man*. Illinois, University of Chicago Press, 1959.

RORTY, R. *Philosophy and the mirror of nature*. Princeton: Princeton University Press, 1979.

7

Psicologia e cientificidade: para uma política do rigor*

Os contextos históricos e o sentido da questão da cientificidade

Ao ser convidado a escrever sobre a *cientificidade* da psicologia, ocorre-me indagar sobre o sentido deste convite. Afinal, de onde se origina esta questão, a que nos remete, como deve ser compreendida?

Se nos voltarmos para a história da cultura ocidental, veremos que uma preocupação obsessiva com a produção de *crenças válidas* emerge no início da Idade Moderna, no século XVII. Foi a partir daí que *conhecer* converteu-se no mais digno problema da filosofia; desde então, *procurar fundamentos seguros para o conhecimento* e *regras confiáveis para a sua produção e avaliação* veio a ser a questão central do Ocidente.

---

* Texto elaborado sob encomenda do Conselho Federal de Psicologia e originalmente publicado no *Jornal do Federal*.

A centralidade desta questão decorre, sem dúvida, do contexto cultural – político, religioso, artístico e ético – característico do final dos séculos renascentistas. Um universo tremendamente ampliado e diferenciado, uma proliferação de perspectivas existenciais, uma abertura inusitada no leque das possibilidades, a eclosão de conflitos, ameaças, indecisões, misturas, desamparo e desorientação geraram uma perda substancial de confiança nas crenças e costumes transmitidos pela tradição[1]. Emergem neste contexto e, em grande medida, *em reação a ele* inúmeras tentativas de *reforma* cujo sentido profundo é o que S. Toulmin chamou de *política da certeza*: são tentativas de reordenar o mundo de forma a criar condições mais ou menos estáveis para a vida em sociedade. A reforma do pensamento que levou à criação da filosofia e da ciência moderna participa com destaque deste projeto[2]. A trajetória de Descartes, um dos fundadores da modernidade filosófica, tal como traçada por A. Koyré, revela claramente a inserção do filósofo num ambiente dominado pelo ceticismo, mas mostra também, em seguida, como Descartes converte a dúvida cética na dúvida metódica. A primeira desfaz as crenças não deixando muito em seu lugar, senão os hábitos e as conveniências, além, certamente, de uma benfazeja *tolerância* diante das variações e das diferenças. Contudo, esta tolerância – este antidogmatismo –, embora indispensável para a constituição da modernidade, não dá a ninguém, por si mesma, a segurança e as garantias ne-

---

1. Ver a propósito Figueiredo, L.C. *A invenção do psicólogo* – Quatro séculos de subjetivação (1500-1900) (Escuta/Educ, 1992).
2. Ver a propósito Toulmin, S. *Cosmopolis*. The hidden agenda of modernity (The Chicago University Press, 1990).

cessárias para enfrentar a angústia gerada pelo mundo de ponta-cabeça. Já a segunda forma de dúvida – a dúvida metódica – é exercitada de forma a destruir as crenças sem fundamento, mas isso com o objetivo de descobrir finalmente *fundamentos firmes e absolutamente indiscutíveis sobre os quais construir conhecimento verdadeiro*[3].

Ora, a modernidade instaurou uma "tradição do novo": em todos os planos da existência ela vai se caracterizar pela força das tendências à abertura, à diferenciação, à proliferação de perspectivas e ângulos, à acelerada inovação em termos de costumes, valores e direções. Em contrapartida, porém, assistiremos permanentemente à revitalização de ensaios de reordenamento, de disciplinamento, de restrição. Estes ensaios foram sempre novas encarnações do que Toulmin chamou de *política da certeza*, gerando dispositivos estabilizadores, reasseguradores, capazes de garantir, fundar e justificar racionalmente modos de viver e modos de pensar. Este tem sido o lado "civilizador" da modernidade. A procura obsessiva de *cientificidade* esteve sempre historicamente associada e subordinada à *política da certeza*.

Ao final do século XIX e no início do século XX, gerou-se uma conjuntura em que, mais uma vez, a *política da certeza* esteve na ordem do dia. Conflitos intra e internacionais, crises existenciais e crises coletivas (econômicas, sociais) convergiam para a demolição das expectativas otimistas de progresso e de harmonia assegurados pela razão e pela ciência. Em acréscimo, no campo estrito da filosofia, o projeto moderno – o projeto civilizador,

---

[3]. Ver a propósito Koyré, A. *As considerações sobre Descartes* (Presença, 1991).

Parte II

disciplinador e fundacional – encontrava opositores do peso de Bergson, dos pragmatistas americanos, de E. Mach e, antes de todos e maior que todos, de F. Nietzsche. Estes autores iam muito além da descrença ou da desconfiança. Todos eles apontavam de uma forma ou de outra para a nossa *finitude*: nossa organização biológica e nossos interesses vitais, nossa inserção histórico-cultural e nossos interesses políticos, nossos desejos, nossos afetos, nossos vieses, etc. dissolviam a crença num conhecimento objetivo, universalmente válido, desinteressado, neutro, destituído de qualquer coloração "subjetiva". A razão, a ciência e a tecnologia dela derivada pareciam fracassar na tarefa de ordenar o mundo numa forma consensual e de colocá-lo à disposição de todos os homens para seu uso e para o seu proveito, eliminando todos os conflitos e todas as dissensões.

Em resposta a este ambiente é que vão emergir propostas como as do *logicismo*, as da *fenomenologia husserliana* e, um pouco mais tarde, as do *positivismo lógico*. Em que pesem suas especificidades, todas têm em comum a meta de *restaurar um campo de certezas*, restabelecendo a *confiança em fundamentos* e em *regras universalmente aceitas*. Conforme se pode claramente apreciar em alguns textos de Husserl e no próprio manifesto dos neopositivistas do Círculo de Viena, a pretensão não se restringe ao campo do conhecimento científico: estes filósofos trabalham com a esperança de estarem salvando a humanidade – particularmente a humanidade "superior" do Ocidente e, mais ainda, a humanidade européia – da barbárie a que seríamos levados pelo ceticismo e pelo irracionalismo.

Pois bem, as relações das psicologias "científicas" nascentes com este quadro são extremamente complexas e difíceis, o que faz com que a *questão da cientificidade da psicologia* se tenha incrustado em nosso campo de uma maneira extremamente perturbadora. Na verdade, em parte, esta questão é vivida por muitos como se não tivesse nada a ver conosco, enquanto é por outros vivida como uma exigência inevitável.

A razão desta posição problemática da *questão da cientificidade* no campo da psicologia é que as psicologias nascentes estão entre os fatores que punham e continuam pondo em questão o projeto epistemológico moderno e, no entanto, continuaram por muito tempo deixando-se regular pelos padrões impostos por ele.

Neste projeto, o sujeito – o *sujeito do conhecimento* – é quase um semideus que, ao se autoimpor a disciplina do método, eleva-se por sobre suas limitações humanas para alcançar uma pureza idealizada. Apenas neste estado de graça e purificação metódica o homem poderia *conhecer*. No entanto, as psicologias nascentes, em maior ou menor medida, irão contrapor-se a esta concepção otimista, a esta esperança de que o método científico transforme homens singulares de carne, ossos, nervos, instintos, impulsos, afetos, emoções, etc. em contempladores impávidos, neutros e objetivos do mundo tal como ele é. Em outras palavras, as psicologias naturalizando, historicizando e singularizando o sujeito humano, concebendo-o como um ser biológico inscrito na natureza e como um ser cultural e psicológico, acumulavam elementos contrários à crença na universalidade e na objetividade da ciência, na neutralidade e na universalidade da razão. Não é outro o motivo pelo qual Husserl assestou suas baterias contra o "psicologismo" e contra o "historicismo": se todo conhecimento é humano, demasiadamente humano, marcado pela nossa organização biológica, pela nossa inserção histórica e pela nossa singularidade, a ciência perde a sua posição superior, a sua autonomia, a sua "racionalidade".

No entanto, grande parte das psicologias que se foram elaborando durante estas décadas continuavam a se apresentar como "científicas", de acordo com os mesmos padrões que elas voluntária ou involuntariamente ajudavam a contestar. Esta afirmação é particularmente evidente no caso da psicanálise freudiana em que a *consciência* e a *vontade soberana*, que são pressupostas na imagem de homem da filosofia moderna, são radicalmente contestadas; contudo, também a psicologia experimental comportamentalista acabou se dando conta do seu potencial crítico em relação ao projeto epistemológico moderno que, de outro lado, continuava quase sempre a lhe servir de guia e padrão. Uma das mais extraordinárias contribuições de B.F. Skinner foi exatamente a de problematizar a própria noção de *conhecimento* a partir da filosofia que elaborou, o *comportamentalismo radical*; desta problematização emerge uma proposta epistemológica que se afasta significativamente daquela desenvolvida pela filosofia moderna, baseada no sujeito purificado do conhecimento como contemplador objetivo da realidade, para se aproximar das posições pragmáticas e neopragmáticas (Dewey, James, Wittgenstein, Rorty). Todas as psicologias "cognitivas", desde a *Psicologia da Gestalt* até os desenvolvimentos mais recentes (*construtivismo, construcionismo social, narrativismo*), acabam desembocando também numa epistemologia renovada em que as relações do "sujeito" com seus "objetos" perdem totalmente o caráter de cópia contemplativa da realidade. De uma forma ou de outra, cognitivistas e comportamentalistas radicais terminam abraçando alguma forma de *perspectivismo*, para usar o termo nietzscheano. No campo psicanalítico, o perspectivismo também chegou muitas vezes a ser explicitado teoricamente mediante redescrições construcionistas (Viderman), narrativistas (Spence) e pragmáticas (Jurandir Freire Costa) da psicanálise[4]; contudo, mesmo sem qualquer explicitação, um certo perspectivismo já está presente na própria pluralidade das visadas que hoje compõem o terreno da psicanálise e é aceita e reconhecida como legítima. Ora, se há muitas perspectivas em confronto ou se complementando, se há muitas versões aceitáveis, se há muitas descrições possíveis, se os interesses vitais e/ou histórico-psicológicos condicionam o campo dos saberes, e as práticas estão inevitavelmente impregnando as teorias, já não faz sentido esperar da ciência uma *unanimidade* e uma *salvação* em termos da reordenação consensual do mundo. Na verdade, já não faz mais sentido falar em ciência com C maiúsculo.

E, no entanto, parece que em grande medida é isso que ainda se espera dela, mesmo entre os que deveriam abrir mão desta esperança para serem consistentes. Talvez a conservação de uma unidade, ainda que fictícia, seja ainda um recurso estratégico destinado a defender o

---

4. Ver a propósito Viderman, S. *A construção do espaço analítico* (Escuta, 1990); Spence, D. *The Freudian metaphor* – Toward a paradigm change in psychoanalysis (W. Norton & Company, 1987); Freire Costa, J. (org.). *Redescrições da psicanálise* – Ensaios pragmáticos (Relume-Dumará, 1994).

campo das psicologias daqueles que, de fora, o desqualificam. A retomada da questão da cientificidade entre os psicólogos estaria, assim, inserida numa problemática política, a das relações das psicologias com seus eventuais detratores. A consequência, porém, é que se abre, assim, uma espécie de ferida que não cicatriza nunca, fazendo com que os psicólogos gastem boa parte de suas energias para tratá-la.

É verdade que algumas escolas procuraram, desde seus inícios, assumir de forma mais explícita a sua independência em relação ao projeto filosófico moderno, renunciando à pretensão, à universalidade, à objetividade, à cientificidade. Isto não as impediu de serem, algumas vezes, um grande sucesso de público, mas foram quase sempre um fracasso de crítica. Não só porque a crítica provinha dos adeptos da *política da certeza* – muito em especial dos positivistas –, mas porque, ao renunciar à *cientificidade*, pareciam renunciar ao rigor, à pesquisa e ao confronto crítico. Ora, estas renúncias, queiram ou não seus adeptos, aproximam-nos perigosamente da estagnação, da autocomplacência e mesmo da arbitrariedade, que é sempre uma precursora da violência. Onde faltam argumentos, prevalece a força na sua crua brutalidade.

Hoje no Brasil a questão da *cientificidade* da psicologia parece estar novamente na ordem do dia; novamente as razões parecem residir num contexto que tende a fortalecer a *política da certeza*, ou seja, que parece solicitar a construção e a legitimação de procedimentos disciplinares: uma proliferação, fora e dentro do campo psicológico, de novas alternativas para viver, fazer e pensar uma aparente necessidade de ordem e de demarcação: quem é quem? O que é o quê? O que vale cada um e cada coisa? Creio que se esperam respostas para questões deste tipo quando se propõe o debate acerca da *cientificidade*. Contudo, não será possível repor a questão da *cientificidade* sem se engajar nas hostes disciplinares que, definitivamente, não são as nossas? Caso seja, poderíamos tirar disso uma grande vantagem: ao invés de termos como opção 1) ou bem nos submetermos à *política da certeza*, cada vez mais nitidamente reacionária, 2) ou bem renunciarmos ao rigor, à pesquisa e ao confronto crítico, renúncia que se revela cada vez mais perigosa, poderíamos aproveitar o debate sobre a *cientificidade* para nos engajarmos numa *outra política*.

Uma outra política: a vontade de fazer ciência

La volonté de faire science – A propos de la psychanalyse[5], este é o título de um pequenino livro de Isabelle Stengers (entre outras coisas, coautora com Ilya Prigogine de *A nova aliança*). Gostaria de dar continuidade ao meu texto na forma de uma breve resenha comentada da primeira parte deste trabalho, pois encontro nele algumas ideias básicas para a tarefa que sugeri acima.

I. Stengers parte de uma constatação de amplas repercussões: "É evidente que um dos traços marcantes das atividades ditas científicas é que elas levam os humanos a trabalhar juntos" (p. 7). O caráter social das atividades científicas não é novidade para muitos filósofos contemporâneos da ciência, embora ainda seja comum pensarmos o cientista como um indivíduo isolado diante de seu objeto. O que autores como T. Kuhn e R. Rorty sublinham, po-

---

[5]. Ed. Laboratoires Delagrange/Synthélabo, Collection Les Empêcheurs de Penser en Ronde, 1992.

rém, é que, antes de se defrontar com um objeto, cada cientista pertence a uma comunidade, é solidário a um grupo. É só no contexto social de uma comunidade científica que cada cientista adquire os instrumentos materiais, conceituais e técnicos capazes de permitir que ele entre num contato fecundo com seus "objetos". É só neste contexto, também, que ele internaliza as regras que definem o que é fazer ciência e que diferenciam o fazer ciência de outros fazeres. Vale ressaltar que estas regras não são as mesmas para todas as comunidades em todos os momentos de suas histórias: "É vão procurar uma definição geral, não contextual, da diferença entre ciência e não ciência" (p. 11). E ainda: "A atividade científica é assim para mim uma atividade essencialmente coletiva que produz indissociavelmente suas próprias normas e seus enunciados, problemas ou instrumentos" (p. 14).

Mas o que liga os cientistas uns aos outros? Como se sabe, T. Kuhn propôs os conceitos de *paradigma* e, mais tarde, *matriz disciplinar* como um conjunto de crenças básicas, regras, problemas, modos de operar, instrumentos, etc. compartilhados por todos os cientistas de uma comunidade. I. Stengers, por seu lado, sugere o conceito de *interesse*[6]. O que este conceito traz, e que não está muito explícito nos termos kuhnianos, é, em primeiro lugar, a *dimensão pragmática* da atividade científica. Os cientistas ligam-se por interesses comuns, sejam interesses "teóricos", sejam interesses técnicos, sejam interesses práticos. Ora, só existe uma comunidade científi-

---

6. Como se verá a seguir, o conceito de *interesse* em I. Stengers não coincide com o conceito de *interesse* em Habermas. Em Habermas, *Connaissance et intérêt* (Gallimard, 1979), os interesses cognitivos são *condições transcendentais* da pesquisa, enquanto em nossa autora os interesses são tomados na sua dimensão sociológica e psicológica.

ca e, portanto, só existem atividades científicas quando há uma *rede de interesses* mantendo toda uma coletividade engajada na pesquisa e na discussão dos problemas "interessantes".

Ao colocar os *interesses* em jogo, porém, I. Stengers está preparando-se para um outro redimensionamento ainda mais profundo da *questão da cientificidade*: os interesses dos cientistas não são "puros", eles se articulam com os interesses de outros agentes sociais – não científicos – e, entre si, estabelecem *relações de força*. Este é um momento de violência inevitável: ao contrário do que poderia ocorrer no confronto entre proposições ou crenças que pudessem ser consideradas superiores ou inferiores em função de serem mais ou menos verdadeiras, os *interesses podem ser fortes ou fracos*, mas não verdadeiros ou falsos. A afirmação e o domínio de um interesse, mobilizando uma comunidade de pesquisadores, implicam assim uma verdadeira política cognitiva.

No entanto, os conceitos, métodos e instrumentos que afirmam e desenvolvem um interesse não se destinam apenas aos interlocutores efetivos ou potenciais: há sempre um *terceiro* envolvido e é este envolvimento que faz das atividades científicas algo mais que um diálogo mais ou menos aberto entre cientistas. Diz I. Stengers: "Defini um conceito científico como tendo sempre uma dupla face, uma voltada para os fenômenos cujo exame ele organiza, e uma voltada para os cientistas". Adotando essa posição, a autora afasta-se tanto da crença de que na ciência haja algo como uma relação sujeito-objeto não mediada socialmente (que era a crença dominante na epistemologia moderna regida pelo ideal da objetividade), como da crença de que na atividade científica prevalecem incontestadas as relações sociais entre os cientistas. Isto, por exemplo, parece fazer parte do pensamento de R. Rorty quando sugere a "solidariedade" para substituir a "objetividade" como valor mínimo em uma comunidade científica[7]. Esta exclusão da objetividade parece resultar numa eliminação de tudo o que não pertence ao campo das crenças e das falas com que os cientistas entretêm seus diálogos.

Em oposição a isso, a dupla referência – aos fenômenos e aos interlocutores – tal como proposta por Stengers proporciona uma saída bem mais nuançada do velho esquema sujeito-objeto. A questão será a de entendermos corretamente como este *terceiro*, o fenômeno estudado, entra nas relações de força. Continuemos com as palavras da autora:

> Trata-se, efetivamente, para os cientistas, de constituir os fenômenos em atores da discussão, isto é, não somente fazê-los, mas fazê-los falar de uma maneira que todos os outros cientistas interessados sejam levados a reconhecê-los como testemunhos confiáveis [...]. Toda a questão, de fato, é de inventar, de produzir estes *testemunhos confiáveis* (p. 23, grifo meu).

Trata-se, enfim, de dar voz aos fenômenos; mais que isso, trata-se de ensinar os fenômenos a falar numa língua que seja entendida pelos colegas. Quando um grupo de fenômenos adquire o estatuto de *testemunho confiável*, dá-se, segundo a autora, a instauração de uma *ciência dura; os testemunhos que, provisoriamente, serão*

---

[7]. Ver a propósito Rorty, R. "Solidarity or objectivity". In: *Objectivity, relativism and truth – Philosophical Papers*, vol. I (Cambridge University Press, 1991).

aceitos pacificamente por todos convertem-se em "caixas-pretas" que a ninguém, ao menos durante um tempo, ocorre abrir, já que não há aparentes motivos de desconfiança. Caixas-pretas são, assim, conjuntos de elementos da experiência que, para efeitos práticos, são tomadas pela comunidade como *evidências*. Mesmo que num nível metateórico saibamos que estas *evidências* foram de uma certa forma construídas, elas funcionam como *dados*, introduzindo-se como um *terceiro* entre os membros de uma comunidade. Uma ciência avança à medida que fecha "caixas-pretas", tornando mais fluente o diálogo entre os cientistas e entre eles e seus fenômenos. Perseguir o fechamento de "caixas-pretas", introduzir *terceiros* nos diálogos como *testemunhos confiáveis* é essencial para o que poderíamos chamar de *política do rigor*.

Ao longo da história, "caixas-pretas" podem ser abertas e as *evidências* podem perder seu *status* de *testemunhos confiáveis*, mas, a cada momento, esta abertura é altamente improvável. Quanto mais "caixas-pretas" fechadas, mais segura se sente uma comunidade e mais prestígio obtém junto às demais. Esta segurança e este prestígio que ela, ao estabelecer relações com áreas afins – e nenhuma disciplina cresce sem estes contatos –, possa impor suas próprias condições, ou seja, seus interesses possam prevalecer sobre os interesses dos vizinhos ou, pelo menos, não se subordinar a interesses mais fortes. Eis, então, em pleno funcionamento uma ciência "dura" e dotada de uma grande autonomia em relação tanto às outras disciplinas quanto aos discursos "leigos".

No entanto, o fechamento de "caixas-pretas" não está permanentemente disponível para quem o desejar; é em parte obra de sorte e acaso e não pode ocorrer por decreto. É também, obviamente, uma questão política, no sentido de que envolve relações de força entre interesses e comunidades. Nesta medida, podem-se encontrar resistências provenientes dos interesses que estarão perdendo terreno com a consolidação de uma dada comunidade científica. Uma advertência extremamente valiosa de Isabelle Stengers é a de que a imitação de "ciências duras" por ciências que não tiveram a oportunidade de fechar muitas "caixas-pretas" pode ser bastante nefasta para seu desenvolvimento. É natural que a imitação possa ser muito atraente já que ela modifica as relações de força e garante para a "pseudociência dura" uma certa autonomia. As distribuições de verbas para pesquisas, por exemplo, podem ser muito afetadas por estas variáveis. No entanto, se conselho serve para alguma coisa, o aconselhável seria que as comunidades trabalhassem com uma certa independência dos modelos e das trajetórias das ciências mais "desenvolvidas", procurando manter-se fiéis ao *fenômenos-testemunhos* que, ainda que poucos e precários, permitem já algum diálogo efetivo, pesquisas de interesse comum, etc. As táticas de imitação, em que conceitos e métodos são transplantados de uma área para outra, tendem a deformar e, principalmente, a paralisar a pesquisa na área imitadora.

Para concluir, cabem algumas considerações sobre a questão da cientificidade no campo da psicologia, tomando como eixo as propostas de Isabelle Stengers. Estas propostas, creio eu, ensejam uma retomada da *questão da cientificidade* em termos e com objetivos distintos dos que caracterizam a *política da certeza*.

As teorias e práticas psicológicas e a nova vontade de fazer ciência

O espaço psicológico é, como se sabe, ocupado por inúmeros projetos de psicologia, ou, dito de outra forma, nosso campo se mostra como uma pluralidade de perspectivas teóricas e metodológicas. A cada uma destas perspectivas corresponde uma comunidade mais ou menos bem estruturada em torno de alguns interesses. Algumas destas comunidades já conseguiram fechar um certo número de "caixas-pretas", isto é, já conseguiram organizar um conjunto de elementos que passam como evidências e que funcionam como testemunhos confiáveis para os membros da comunidade em questão. No meu entender, contudo, nenhuma destas comunidades obteve um sucesso muito significativo em termos de "endurecimento", o que resulta no fato de que nenhuma conseguiu estabelecer com as outras uma relação de força em que possa fazer predominar seus interesses, subordinando a si os demais. Em acréscimo, nas relações com outras comunidades (médicos, neurologistas, psicobiólogos, por exemplo), e mesmo com as comunidades de não especialistas, as comunidades de psicólogos lutam com muita dificuldade para conservar um mínimo de autonomia e vivem constantemente o risco de uma desqualificação ou de uma anexação.

Ao concluir um livro já antigo – *Matrizes do pensamento psicológico* (Vozes, 1991) –, tratando da diversidade no campo da psicologia, eu dizia a respeito de um modo ideal de proporcionar um bom futuro para a área: "As diferenças não seriam eliminadas ou obscurecidas, as alternativas teriam seus direitos assegurados e suas responsabilidades cognitivas e sociais bem definidas" (p. 206). De que direitos se trata? Do direito de cada comunidade prosseguir seus esforços na direção da afirmação dos seus interesses e da sua consolidação e assegurar suas atividades de pesquisa e experimentação, mesmo em condições precárias, em que poucas evidências consensuais estão disponíveis. Mas de que responsabilidades estaríamos falando? Basicamente, da responsabilidade de perseguir o fechamento das suas "caixas-pretas". Isto significaria ter como meta a *constituição de testemunhos confiáveis* que, introduzindo um *terceiro* nas relações entre os dialogantes, faça de seus diálogos algo mais que um delírio compartilhado. Perseguir esta meta é o que poderíamos, com toda justiça, chamar de *rigor*.

Sabe-se o quanto é difícil para certas entidades, como os conselhos e os sindicatos de psicólogos, exercerem suas funções, já que pressupõem uma unidade inexistente entre as psicologias. Muitas vezes estas entidades parecem fortalecer-se quando os interesses psicológicos estão sendo ameaçados por outros interesses. É como se nestas situações se gerasse uma falsa, mas estratégica, unidade. Receio que este gênero de fortalecimento nos prejudica mais do que nos beneficia, porque as relações de força entre interesses jamais serão estabelecidas meramente por decreto, através de medidas administrativas, e porque uma falsa unidade acaba comprometendo os esforços que cada comunidade deveria fazer para sua consolidação. Contudo, bem poderiam ser as funções destas entidades *sustentar estes direitos e estas exigências*. Garantindo um espaço de evolução para as comunidades psicológicas, mas, ao mesmo tempo, convocando-as à responsabilidade de *constituir suas evidências, estaríamos fazendo tudo o que é politicamente necessário para o desenvolvimento da pesquisa, sem as amarras de uma disciplina comprometida com a busca, a qualquer preço, de estabilidade e segurança.*

8
A preparação do psicólogo: formação e treinamento*

A insatisfação com a preparação dos psicólogos para o exercício profissional nas universidades

Desde que foi criado o currículo mínimo obrigatório para a preparação profissional dos psicólogos, e a cada vez que uma faculdade elabora ou revê seu currículo pleno – e as revisões, aliás, costumam estar sempre sendo exigidas por professores e alunos – transparece nitidamente a profunda insatisfação de todos nós com o que conseguimos oferecer ao longo destes cinco anos de trabalho árduo e muitas vezes frustrantes.

Creio que nesta insatisfação estejam presentes fatores de diferentes naturezas, e seria conveniente começar discriminando e qualificando tais aspectos para que possamos limpar o terreno para uma discussão fecunda destas questões.

---

* Palestra originalmente proferida como aula inaugural do curso de Psicologia da Unisinos, em março de 1995.

Começaria sugerindo a existência de raízes estruturais para a nossa insatisfação. Estas raízes dizem respeito à natureza da nossa área e ao estado de nossa arte. Inúmeras vezes tive a oportunidade de enfocar a multiplicidade teórica, metodológica, filosófica e prática vigente no campo da psicologia[1]. A psicologia, na verdade, está organizada em torno de *interesses* práticos e cognitivos distintos e na forma de comunidades e subcomunidades teóricas e profissionais, relativamente autônomas, com seus órgãos de publicação, seus congressos, seus institutos de formação bastante independentes uns dos outros[2]. A tarefa do ensino universitário, orientado pela expectativa de uma formação única e uniforme, está, portanto, em franca oposição à realidade do nosso campo.

Não voltarei, aqui, ao tema no que tem de mais básico e fundamental para a compreensão do que somos. É preciso, contudo, tirar desta diversidade de interesses, posturas e projetos uma consequência óbvia: é impossível montar um único currículo que seja equilibrado, fiel à diversidade, justo com as diferentes alternativas, profundo em cada uma delas, propiciando uma excelente base teórica e também boas oportunidades de exercício prático nas diferentes orientações, capaz de resgatar as histórias das diferentes psicologias e ao mesmo tempo atento às inovações teóricas e técnicas, etc. Mesmo que se faça uma seleção, deixando de lado algumas escolas do pensamento psicológico (que é, aliás, o que sempre acaba acontecendo), ainda assim o que sobrar como relevante

---

1. Figueiredo, L.C. *Matrizes do pensamento psicológico* (Vozes, 1991) e "Os lugares das psicologias", neste mesmo volume.
2. Sobre esta noção de interesse, ver Figueiredo, L.C. "Psicologia e cientificidade: para uma política do rigor", neste mesmo volume.

e indispensável daria para compor um currículo de dez anos de estudos...

Num dos textos que dediquei ao tema das correntes de pensamento em psicologia[3] dizia que os alunos, quando ingressam no curso, esperam que as matérias se articulem harmoniosamente, apoiem-se umas às outras, emergindo de um tronco comum e convergindo para metas compartilhadas. Rapidamente, porém, eles descobrem que cada disciplina e, muitas vezes, numa mesma disciplina, cada professor parte de pressupostos e persegue metas diferentes e mesmo incompatíveis umas com as outras. Em contrapartida, há muitas coisas que soam como repetição. Muitas vezes o que ocorre é que diferentes disciplinas tratam dos mesmos autores, temas ou conceitos porque, de um lado, cada professor está convencido de que o seu enfoque é melhor do que os alheios e não pode confiar que a matéria apresentada numa outra disciplina o dispense da sua própria apresentação. Há inúmeras maneiras, por exemplo, de apresentar o pensamento de Freud e entre estas maneiras chega a haver luta de morte. De outro lado, os alunos frequentemente têm dificuldade para perceber as sutilezas que diferenciam uma apresentação da outra, gerando, ao mesmo tempo, a impressão de que as disciplinas não se articulam e se repetem.

Ora, embora esta seja uma realidade reconhecida por todos nós, ela parece ser esquecida quando nos pomos a pensar num *currículo ideal*. Parece que neste momento nos esquecemos de que o estabelecimento de um cur-

---

[3]. Figueiredo, L.C. "Convergências e divergências: a questão das correntes de pensamento em Psicologia". *Transinformação*, 4: 15-26 (1992).

rículo implica a definição de uma *relação de forças* entre diversas concepções do que seja fazer, pensar e ensinar psicologia. O *currículo ideal*, nesta medida, não existe; o que há são resultados provisórios do conflito entre perspectivas mais ou menos díspares. Concretamente, os currículos são soluções de compromisso que acabam refletindo o resultado de um *jogo político* que envolve as direções das faculdades, os membros do corpo docente e, às vezes, partes do corpo discente. Como em todo jogo político, não há, neste aqui, nenhuma pureza: interesses de toda ordem se misturam, deixando as convicções acadêmicas embrulhadas numa densa teia de pressões. Enfim, não há uma solução meramente acadêmica ou técnica para a definição de um currículo, solução sobre a qual poderiam entrar em acordo todos os professores e alunos de boa vontade. Isto não significa, entretanto, que este jogo político deva se dar na forma de uma guerra, sem normas nem critérios que garantam um mínimo de civilidade entre os envolvidos, e resultados que, sem serem definitivos e absolutos, sejam, ao menos, razoáveis e produtivos. Ao menos é esta a esperança que me move.

Penso, contudo, que aceitar uma concepção como a que estou explanando é difícil, se não nos desvencilharmos de certas idealizações.

Permitam-me tomar como inspiração a concepção de Winnicott quanto à relação mãe-bebê. Como se sabe, a "mãe suficientemente boa" propicia ao bebê os cuidados de sustentação e de proteção indispensáveis para que ele subsista fisicamente e se constitua psiquicamente; mas ela propicia também, na medida do incremento das capacidades do infante, uma sucessão de *desadap-*

tações, ou seja, a mãe suficientemente boa *falha* e, numa certa medida, ela *deixa a desejar*. Uma mãe que não seja capaz daquela adaptação básica às necessidades do bebê é muito perniciosa, mas uma que não se permita falhar – a popular "supermãe" – jamais dará à criança em desenvolvimento o espaço para que possa crescer e adquirir uma certa autonomia. *Deixar a desejar* é uma expressão que costuma ser usada de uma forma meramente crítica. Quem sabe ela não assinala também um aspecto positivo da relação de uma mãe com seu filho, de um analista com seu paciente, de um professor com seu aluno? Se assim for, deveríamos renunciar à crença de que um currículo ou que um curso de Psicologia tenham como missão satisfazer a todos os desejos, perseguindo uma impossível adaptação completa às necessidades de seus alunos. Deveríamos, por exemplo, ser capazes de dizer: "tal curso é excelente porque deixa muito a desejar!" É claro que antes de deixar a desejar foi preciso atender a algumas necessidades básicas e estas devem ser cuidadosamente consideradas. Ou seja, para *deixar a desejar*, no sentido aqui referido, é necessário muito investimento e muito trabalho. No entanto, igualmente importante será *a escolha das falhas* que um currículo ou um curso pretende cometer. Haverá, inevitavelmente, falhas não escolhidas que, na medida do possível, deveriam ser corrigidas, mas o *currículo suficientemente bom* seria o que dá sustentação e proteção básicas e comete falhas sob medida, deixando sempre muito a desejar. Supõe-se aqui, naturalmente, que um *currículo suficientemente bom* não pretenda acompanhar os alunos ou dirigi-los ao longo de toda a preparação profissional, que, na verdade, não termina nunca. Se ele for capaz, contudo, de efetivamente deixar a desejar, caberá dali por diante a cada um assumir sua própria preparação. *Deixar a desejar* seria, exatamente, instaurar um campo de *insatisfações* mobilizadoras do trabalho pessoal do aluno.

Formare e tragere

Ora, parece-me que, entre as disciplinas que podem ser oferecidas aos alunos, há algumas com uma forte vocação para o *holding*, enquanto outras estão mais vocacionadas para *despertar* os alunos para caminhos e perspectivas a serem trilhados por cada um com seus próprios recursos. Proponho, assim, que se faça uma distinção entre *formação* e *treinamento*, ambos necessários à preparação profissional do psicólogo. Antes de prosseguir, esclareço que a distinção que proponho adiante entre *disciplinas formativas* e *disciplinas de treinamento* não elimina o fato de que em todas podem haver doses de uma coisa e de outra. Insisto, contudo, em que haja uma significativa diferença nas proporções.

Formar é proporcionar uma forma, mas não é modelar uma forma. Ao formar estamos oferecendo um *continente* e uma *matriz* a partir dos quais algo possa *vir a ser*. *Disciplinas formativas* seriam aquelas que prioritariamente promovem a *constituição de um ser-psicólogo*. *Ser-psicólogo* é, por exemplo, saber lidar com a multiplicidade sem recorrer às mais fáceis respostas à angústia que sempre nos acomete quando nos defrontamos com o indeterminado: o dogmatismo e o ecletismo. *Ser-psicólogo* é, também, saber dialogar com áreas afins – disciplinas biológicas e histórico-culturais – já que de uma forma ou de outra nos compete tratar de uma unidade psico-sócio-biológica. Assim sendo, estaremos sempre remetidos à dimensão epistemológica da nossa área de conhecimento. Mas *ser-psicólogo* é também ocupar espaços e posições na história e na cultura de nossa sociedade e estar preparado para lidar com outras posições, para lidar com *alteridades*, o que nos remete à dimensão ética e política de nossa profissão. Em outras palavras, *ser-psicólogo*, independentemente das escolhas teóricas de cada um, implica em situar-se nos campos da epistemologia e da ética, não sendo jamais apenas um feixe de habilidades técnicas[4].

Estas *disciplinas formativas* – por exemplo: "psicologia geral", "história da psicologia", "teorias e sistemas", "ética", "epistemologia da psicologia/psicanálise", "psicobiologia", "psicoantropologia", "psico-história", etc.[5] –, claro está, não ensinam a *fazer*, mas ajudam a elucidar o que está implicado em nossos fazeres, ajudam a esclarecer os nossos lugares e convocam-nos para nossas posições. Não as chamaria de "disciplinas básicas", se com isso se entende uma disciplina que preceda as demais numa estrutura curricular, fornecendo informações preliminares. Estas disciplinas não estão vocacionadas prioritariamente para a transmissão de informações, embora, evidentemente, muitas informações sejam nelas trans-

---

4. Estas dimensões do *ser-psicólogo* foram exploradas por mim nos seguintes textos: "Os lugares da psicologia", "Ética, saúde e as práticas alternativas" e "A interdisciplinaridade e o conhecimento psicológico", neste volume. A questão do encontro com a alteridade foi trabalhada principalmente em "Sob o signo da multiplicidade", em *Cadernos de Subjetividade*, 1: 89-96 (1993).
5. Estas disciplinas podem ser dadas com outros nomes, obviamente; aqui estou apenas indicando brevemente suas naturezas.

mitidas. Sugiro que as concebamos realmente a partir da noção winnicottiana de *holding*. Pois bem, sustentação, proteção, continência e formação de matrizes são necessidades que retornam ao longo dos cinco anos, como se, de tempos em tempos, ocorresse nos alunos uma regressão natural e benéfica às necessidades básicas de autoconstituição. Uma presença de disciplinas formativas ao longo dos cinco anos, embora mais concentradas no início, me parece bastante conveniente.

Considerando o que foi especificado no processo avaliativo do curso de Psicologia da Unisinos, poderíamos tecer alguns comentários.

Não creio que seriam pertinentes a estas disciplinas formativas certos critérios de avaliação como o de *aplicabilidade*, num sentido estreito do termo, embora elas, sob um outro ângulo, pudessem ser consideradas de *aplicabilidade* universal e de *relevância* extrema para as atividades profissionais, já que se destinariam a uma tarefa constitutiva básica. Também a *integração da teoria com a prática* não seria um bom critério, a menos que se refira à *prática* num sentido amplo: práticas sociais, experiência de vida, etc. Por outro lado, critérios como *contextualização histórica*, *contribuição para a discussão da qualidade de vida e cidadania*, e *multiplicidade e diversidade*, entre outros, seriam de extrema relevância para a avaliação de disciplinas formativas. Com estes exemplos quero chamar a atenção para o fato de que uma grade avaliativa muito abstrata pode levar-nos a desconhecer o que há de mais específico em cada disciplina ou em cada tipo de disciplina.

Há outras disciplinas, porém, que eu chamaria de *disciplinas de treinamento*. É o caso, especialmente, das "Técnicas de Exame e Aconselhamento Psicológico", "Psicologia Escolar e da Aprendizagem", "Psicologia Organizacional", "Teorias e Técnicas Psicoterápicas" e, naturalmente, dos "Estágios Supervisionados", entre outras. *Treinar* vem de *tragere*, trazer para si, puxar. Quem puxa coloca-se à frente, *a-traindo* o treinando, mas mantendo-se sempre a uma certa distância. A marcha do treinador está sempre avançada em relação à do treinando. Ele "deixa sempre a desejar" porque já reconhece no treinando a existência de recursos próprios capazes de serem mobilizados no treinamento. Vai ser no exercício deste desejo e na mobilização e aperfeiçoamento destes recursos que o treinamento transcorre.

As *disciplinas de treinamento* são predominantemente habilitantes[6]. Evito falar em disciplinas profissionalizantes porque há habilitações que ainda não são profissionalizações e há aspectos da formação que são profissionalizantes. O termo *habilitante* indica que estas disciplinas visam *ensinar a fazer algo, deixando o treinado a desejar fazer melhor.* Em outras palavras, estas disciplinas abrem o apetite do aluno e o exercitam na satisfação, incompleta, deste apetite. É aqui que se passa a esperar cada vez mais que o aluno faça a sua parte.

É em relação a estas disciplinas, talvez, que faça mais sentido pensarmos na definição do currículo como implicando numa escolha das *falhas*. Considerando, por exemplo, o processo de avaliação em curso na Unisinos, diria que o caráter habilitante destas disciplinas não me pare-

---

[6]. O que não significa que sejam exclusivamente práticas; é evidente que estas disciplinas precisam passar para os alunos as teorias das práticas, dos métodos, das técnicas, dos instrumentos.

ce compatível com a exigência de uma *ampla gama de possibilidades (multiplicidade e diversidade).* Em contrapartida, a exigência de um bom nível de *profundidade* na matéria exposta e nas atividades de treinamento seria muito bem-vinda. Sejamos razoáveis: não é possível ensinar a fazer muitas coisas com um mínimo de profundidade, ao mesmo tempo ou em pouco tempo. Em compensação, penso que quem sabe fazer razoavelmente bem alguma coisa e tomou o gosto por fazer melhor aprende com facilidade e procura suas próprias oportunidades de aprender. De outro lado, uma *integração das teorias às práticas* e uma compreensão do *sentido profissional e social destes fazeres diante das demandas* são indispensáveis. Novamente, o que procuro aqui é mostrar que os critérios avaliativos precisariam ser pensados e aplicados em função do que há de específico em cada grupo de disciplinas. Em relação a cada disciplina habilitante em particular seria bom que se decidisse o que vale mais a pena ser exercitado e no que a disciplina deixará a desejar.

Finalmente, algumas disciplinas, como, por exemplo, "Psicologia Social", "Psicologia da Personalidade" e "Psicologia do Desenvolvimento", podem ser oferecidas ora com a ênfase na formação, ora com a ênfase no treinamento, ou seja, ora visando habilitar no exercício de uma atividade, ora visando constituir o próprio *ser-psicólogo* do aluno. Para estas disciplinas, uma definição prévia do sentido que terão na estrutura curricular é indispensável para que se possa programar com segurança as falhas que podem e devem cometer.

Considerações finais

Acho que o que de principal eu gostaria de propor como tema para nossas discussões seriam as considerações sobre a *insatisfação*.

De um lado, procurei mostrar que nas origens da insatisfação com o currículo há problemas decorrentes da natureza mesma de nossa área de estudo e exercício profissional. Nesta medida, *entender as raízes desta insatisfação já é ensinar, aprender e fazer psicologia*, já é entrar em contato com as psicologias tais como existem e são praticadas. Quer dizer, *a insatisfação com o currículo é um tema privilegiado no processo de ensino e aprendizagem da psicologia*.

Gostaria também de insistir, em relação a isto, que a distinção sugerida entre formação e treinamento não seria capaz de resolver definitivamente a questão do currículo ideal, ou seja, não acredito que haja uma proporção ideal entre disciplinas formativas e disciplinas de treinamento que possa ser descoberta e implantada num determinado currículo. No entanto, a distinção nos ajuda a lembrar o duplo eixo por onde se processa a preparação do psicólogo: o eixo da constituição de um *ser-psicólogo* e o eixo da habilitação, que, certamente, sempre deixará a desejar. Penso que, se o eixo formativo não estiver sendo bem desenvolvido, o treinamento habilitante trará poucos ganhos, por melhor que esteja funcionando. Receio, inclusive, que uma sobrecarga em treinamentos possa gerar confusão, desamparo e incompetência, se estiverem faltando elementos básicos no eixo formativo. Por outro lado, um excesso formativo perder-se-á caso fiquem faltando condições mínimas para o exercício de algumas habilidades, mesmo que saibamos antecipadamente que ao fim dos cinco anos nem todas as habilidades terão sido exercitadas e nenhuma, provavelmente, terá alcançado um nível de excelência. Neste aspecto, certamente, os estudos universitários estarão sempre deixando a desejar.

Finalmente, sugiro que tomemos a insatisfação como motor e bússola do processo de preparação profissional. Voltando pelo reverso ao que propus acima, e que para mim é mais do que um paradoxo gozado, concluiria dizendo: "ai da faculdade de psicologia que não consegue deixar seus alunos desejosos de mais psicologia, ou seja, fecundamente insatisfeitos".

9
Investigação em psicologia clínica*

Desde que se constituíram os projetos de psicologia como ciência *sui generis* na segunda metade do século XIX, nosso campo esteve atravessado por duas tradições epistemológicas e metodológicas: de um lado, a investigação *naturalista* do *psiquismo* (forma de trabalhar que, no século XX, foi explorada durante décadas sob a dominância dos "behaviorismos" e que é hoje dominada pelas chamadas "ciências cognitivas" e "neurociências"); de outro, ocorria e se consolidava a investigação *clínica* do *psiquismo*.

As primeiras quase sempre foram desenvolvidas dentro dos muros dos institutos de pesquisa e das universidades e, por isso, sempre aí estiveram em casa. Desen-

---

* Palestra apresentada no Simpósio sobre Pesquisa em Psicologia Clínica promovido pelo IP/USP, outubro de 1995. Uma versão ligeiramente diferente deste trabalho foi apresentada no I Congresso Mineiro de Psicologia (Belo Horizonte) em setembro de 1995 e foi publicada nos *Anais do Congresso* (1995, p. 11-18) com o título "Psicologia: ciência e epistemologia (notas para uma comunicação)". O presente trabalho pode ser lido como uma espécie de continuação problematizante do texto "Psicologia e cientificidade: para uma política do rigor", publicado nesta mesma coletânea.

volvê-las mediante pesquisas acadêmicas – com financiamentos regulares por parte das agências de fomento – e transmiti-las a alunos de graduação e pós-graduação nunca trouxe maiores problemas.

As segundas, ao contrário, quase sempre, originaram-se em outros lugares – nos contextos práticos de atendimento – e somente a duras penas foram ingressando nos ambientes universitários. Em decorrência, muitas vezes e até hoje, elas tanto têm sua legitimidade questionada pelos valores universitários dominantes como, elas próprias, frequentemente se questionam acerca da conveniência de ocuparem um espaço na universidade. É, por exemplo, possível e adequado pesquisar e ensinar psicanálise num ambiente universitário convencional?

Diante desta duplicidade, cabem as perguntas:

• Serão estas duas tradições movidas pelos mesmos *interesses*? (tomando este termo tanto no sentido de *interesses cognitivos* na acepção habermasiana, enquanto horizontes transcendentais da investigação a partir dos quais se constituíram as *positividades* de que as ciências tratam[1], como no de *interesses histórico-sociais*, em torno dos quais se organiza uma comunidade de pesquisa – numa perspectiva pragmatista como a de Isabelle Stengers[2]);

• Será que é do mesmo *objeto* que se trata nos dois casos?

---

1. Habermas, J. *Connaissance et intérêt*. Paris, Gallimard, 1979.
2. Stengers, I. *La volonté de faire science* – À propos de la psychanalyse. Paris, Delagringe/Synthélabo, Col. Les empêcheurs de penser en ronde, 1992.

- Será que faz sentido aplicar aos dois casos o mesmo conceito de *pesquisa* e de pensar estes métodos como complementares?

Esta complementaridade, como se sabe, foi postulada pelo psicanalista francês Daniel Lagache, no ano de 1949, num texto célebre – *L'unité de la Psychologie*[3] – em que expunha seu projeto para uma possível unificação da psicologia: a pesquisa experimental e a pesquisa clínica irmanar-se-iam na construção de uma psicologia finalmente unificada.

Apenas de forma a atentar para o que de problemático pode haver nesta proposta, vale recordar que foi em resposta a este trabalho que o filósofo e historiador das ciências G. Canguilhem, por sinal amigo de Lagache, proferiu sua famosa conferência de 1956 *Qu'est-ce que la psychologie?*[4], em que não deixava pedra sobre pedra de todas as ciências psicológicas: a psicologia não seria mais que uma mistura que a torna, simultaneamente, uma *filosofia sem rigor, uma ética sem exigência e uma medicina sem controle*. É também sintomático que outro psicanalista francês, por sinal também amigo de Lagache, Jacques Lacan, tenha – em 1964, no Seminário XI[5] sobre os quatro conceitos fundamentais da psicanálise – se recusado a apresentar-se como "pesquisador", tomando para si as palavras de Picasso que dizia: "Eu não procuro, acho". A esta posição escandalosa eu gostaria de retornar mais adiante.

---

3. Paris, Presses Universitaires de France, 1983.
4. *Revue de Métaphisique et Morale*, 1, 1958.
5. Rio de Janeiro, Zahar, 1979.

De forma a elaborar a questão desta duplicidade, algumas palavras se fazem necessárias. Passo, então, a uma breve apresentação da questão do conhecimento nestas duas áreas e regimes de produção.

Estrutura e dinâmica da pesquisa institucionalizada – A pesquisa moderna, sua epistemologia, seus métodos e suas técnicas[6]

A pesquisa ("acadêmica" ou não) implica a *exploração de um campo previamente delimitado e homogeneizado de experiências* – ou seja, implica o estudo sistemático de uma região de fenômenos congêneres e interconectáveis – a fim de 1) *descobrir novos fenômenos* e, principalmente, 2) *elaborar conceitualmente novas interconexões* entre fenômenos de forma a gerar e enriquecer nossas *teorias*.

Abrem-se aqui algumas alternativas: 1) estas condições teórico-conceituais poderão ser concebidas como simplesmente *descritivas e classificatórias* ou 2) poderão apresentar-se com o estatuto de conexões *explicativas*. Em acréscimo a estas possibilidades, 3) as conexões elaboradas poderão também ser vistas e desejadas como sendo de ordem puramente *metafórica*, gerando *modelos de funcionamento* que não pretendem descrever nem explicar, mas destinam-se apenas a *oferecer uma visibilidade analógica a processos e mecanismos invisíveis*. Finalmente, 4) há ainda a possibilidade de tomarmos nossas teorias apenas como *jogos de linguagens* –

---

[6]. M. Heidegger, com o seu texto "L'époque des conceptions de monde" (em *Chemins qui ne mènent nulle part*. Paris, Gallimard, 1990), foi minha principal base de inspiração para o desenvolvimento deste item.

matrizes conversacionais – capazes de possibilitar uma conversão fluente entre os membros de uma comunidade de pesquisa organizada em torno de alguns interesses práticos. Seja como *modelos, metáforas* e *analogias*, seja como *jogos de linguagem*, as teorias não seriam nem verdadeiras nem falsas, mas apenas mais ou menos úteis nas tarefas de tornar inteligível e manejável um campo de experiências compartilháveis.

Boa parte das discussões no campo da filosofia da ciência gira em torno destas questões acerca do *estatuto da estrutura* e *das funções das teorias científicas*. Associadas a estas, contudo, há outras questões de grande relevância.

Questões, por exemplo, quanto ao estatuto dos fenômenos em exame: 1) serão puras e simples *evidências* (e nesta medida, em princípio, exigindo registros exatos e objetivos) ou são *indícios* (a serem interpretados)?; 2) serão *dados* do/pelo objeto em estudo (e, em princípio, "incorrigíveis") ou são *construtos* (disponíveis para "correções", para "redescrições")?; 3) são, enfim, *fatos* ou *ficções*?

Em contrapartida, quanto à natureza das teorias cabem também perguntas tais como: elas *procedem* – indutivamente – dos fatos ou são *pressupostas* a eles, sendo a condição mesma para que algo se mostre e se deixe interpretar como isso ou aquilo, tal como é proposto por Th. Kuhn ao introduzir os conceitos de "paradigmas" ou "matrizes disciplinares"?[7]

Finalmente, há questões quanto ao estatuto do pesquisador: 1) será o pesquisador um *sujeito individual*,

---

7. Kuhn, Th. *The structure of scientific revolutions.* Chicago, University of Chicago Press, 1962; "Second thoughts on paradigms". In: P. Suppe (org.). *The Structure of Scientific Theories.* Urbana, Univ. of Illinois Press, 1977.

dotado de uma razão monológica e postado diante de um objeto "natural", ou é desde sempre o *membro de uma comunidade*, com sua mente e sua sensibilidade historicamente determinadas, sempre referido aos seus interlocutores efetivos ou potenciais e às voltas com objetos que são intrinsecamente "sedimentos" da vida social?; 2) será ele movido por uma *soberana "vontade de saber"* ou movido por *outros interesses* mais ou menos "vis", etc.?

Estas são, como se percebe, as questões ditas epistemológicas que têm ocupado da ciência nos últimos cem anos. As inúmeras alternativas neste campo estão sempre se posicionando e se contrapondo em termos das respostas que elaboram acerca de questões como as acima aludidas. Algo, contudo, parece impregnar indiscriminadamente estas diversas posições.

O que se mantém constante ao longo de todas as variações e em todas as possíveis respostas a estas questões é uma suposição de relativo controle do sujeito pesquisador em relação ao seu *domínio de pesquisa* previamente delimitado e homogeneizado. É uma prévia delimitação, ainda que provisória e sujeita a redefinições ao longo do processo de conhecimento, delimitação esta que garante e é garantida pela *disciplina* de um método; é ela, enfim, que permite a *pesquisa* no sentido consagrado do termo. Só há pesquisa no sentido moderno e institucionalizado do termo quando um pesquisador ou uma comunidade de pesquisadores se apropria de um dado *domínio*[8].

---

8. Acerca do conceito de "domínio" como essencial à condução de uma prática científica, ver de D. Shapere. "Scientific theories and their domains". In: P. Suppe, op. cit., 1977.

A prevalência do método, na sua interpretação moderna, sobre as práticas científicas faz destas uma questão de *estratégias* e de *táticas* – os métodos e técnicas de pesquisa. Há pesquisas que dependem basicamente de decisões estratégicas – os famosos *planejamentos experimentais*; outras dependem mais de decisões táticas, tomadas no curso da investigação e determinadas por sua própria dinâmica, caso a caso, momento a momento. São pesquisas que dependem mais de *manejo* que de *planejamento*. Nesta medida, elas requerem do pesquisador uma grande sensibilidade para os fenômenos emergentes ao longo da pesquisa. Ainda assim, contudo, em momento nenhum o pesquisador deve perder o seu *domínio*, em momento algum ele deve *extraviar-se* na condução de seu trabalho.

Há, de outro lado, pesquisas que procuram estabelecer relações exatas entre os aspectos dos fenômenos examinados – as chamadas "variáveis" da análise quantitativa; outras pesquisas se dedicam a qualificar os fenômenos – mediante as "categorias" da análise qualitativa – de forma a estabelecer um quadro amplo e, se possível, exaustivo da realidade pesquisada. O *a priori* deste gênero de pesquisa dita "qualitativa" é o de que a realidade examinada cabe nas malhas estritas de *um sistema*, o que torna estas pesquisas, que procuram dar as costas às quantidades, tão *matemáticas* quanto as primeiras. O que as torna *matemáticas* é a pressuposição de que toda variedade pode ser contida na unidade, de que toda surpresa pode ser reduzida a uma expectativa teórica, de que toda alteridade pode ser assimilada à identidade. Assim sendo, seja na quantificação, seja na qualificação, jaz o mesmo pressuposto: o pesquisador pode e deve conservar-se com as rédeas da situação porque está diante de uma realidade perfeitamente disponível e adequada aos seus sistemas de representação. Haveria, efetivamente, um *domínio* a ser explorado, e um *domínio* a ser exercido.

A linguagem marcial, a que acima recorri – *táticas* e *estratégias* –, traduz claramente o sentido de luta e conquista que pertence também ao campo – de batalha – das investigações científicas.

Ora, há embutida na ideia de *pesquisa* uma certa moralidade: impõe-se ao sujeito um grande autocontrole para melhor sustentá-lo, *sem extravios*, na tarefa de conhecimento e de controle de seus objetos, base de suas representações. É o exercício desta moralidade que dá credibilidade e força ao pesquisador no trato com seus pares e na defesa de seu território diante de áreas afins ou concorrentes.

Passemos agora à clínica psicológica e psicanalítica e ao que poderia ser seu regime de produção de conhecimentos.

O clínico e sua ética

O que vai caracterizar a clínica, no meu entender, é, antes de mais nada, a submissão do sujeito a um *outro* que irrompe e se eleva à sua frente, expressando sofrimento, fazendo-lhe exigências, desafiando sua capacidade de atenção e hospedagem, escapando em maior ou menor intensidade ao campo de seus conhecimentos e representações, *furtando-se ao seu domínio, desalojando-o*. Mas, será também este mesmo *outro* que na sua penúria e no seu maior desamparo pode assumir diante do sujeito uma posição *ensinante*. Clinicar é, assim, *inclinar-se diante de*, dispor-se a *aprender-com*, mesmo que a meta, a médio prazo, seja *aprender-sobre*.

Pois bem, esta é, segundo o filósofo Emmanuel Lévinas, a experiência *ética* por excelência: a partir de um *si-mesmo*, de um *em casa* bem instituído, reconhecer o "outro" na sua alteridade irredutível a qualquer representação teórica, o "outro" resistente a qualquer assimilação ao "mesmo", refratário ao "idêntico" articulado num sistema teórico de capturas conceituais e/ou num sistema tecnológico de controle e manipulação de recursos disponíveis[9].

Assim, se ainda fizer algum sentido falar em "técnica" neste contexto, não me parece cabível conservar a acepção moderna do termo – a de produção de um efeito mediante o controle planejado dos recursos disponíveis –, convindo, ao contrário, retornar à acepção original: a da *técnica* como modo de *dar a ver*, de *configurar* aquilo que não se mostra por si mesmo – é a técnica como *poi-*

---

9. O lituano Emmanuel Lévinas é hoje considerado um dos mais importantes filósofos vivos deste final de século, e toda a sua obra tematiza como questão central a ética. Impossível transitar pelas discussões éticas da atualidade sem uma passagem pelo pensamento de Lévinas. Recomenda-se em particular a leitura de *Totalité et infini*, *Autrement qu'être* e *Ethique et infini* (todos editados pela Kluwer Academic e reeditados pela Livre de Poche em 1990). Há também a coletânea de textos de Lévinas e inúmeros comentadores, publicada no *Cahier de L'Herne* em 1991, e um longo ensaio de J. Derrida no livro *L'écriture et la différence* (Paris, Seuil, 1967; há tradução brasileira do livro [São Paulo, Perspectiva, 1979], mas na qual, infelizmente, o ensaio "Violence et métaphysique. Essai sur la pensée d'Emmanuel Lévinas" não foi incluído).

esis[10]. Se cabe ao clínico aprender com o paciente algo que mais ninguém pode ensinar, algo que não está disponível em parte alguma, que só ocorre no próprio clinicar e que apenas com grande dificuldade, e sempre imperfeitamente, conseguimos nomear e, quem sabe, teorizar, sua "técnica" basicamente será a de instituir o tempo e o espaço para que o outro venha a ser e se mostre em sua alteridade. Nada mais distante disso do que as "técnicas de pesquisa" subordinadas às estratégias e táticas de exploração metódica de um domínio.

Daí, talvez, a precedência de *escuta* sobre o *olhar* quando se trata de metaforizar a experiência clínica na originalidade de sua ética: o olhar sugere a soberania e o distanciamento de quem vê e ao ver se apodera do que é visto, enquanto a escuta coloca o que ouve numa posição mais próxima, passiva, padecente. É mais fácil dirigir o olhar que a escuta; é mais fácil abrir e fechar os olhos que os ouvidos. Os olhos pedem luz para funcionar, os ouvidos funcionam melhor no silêncio. *Os olhos se lançam sobre o mundo iluminado à procura, enquanto os ouvidos esperam silenciosamente.*

A questão da investigação em Psicologia Clínica

A pergunta sobre os rumos e possibilidades de uma *investigação do psiquismo* poderia ser, assim, considerada em duas vertentes:

---

10. Ver a propósito Heidegger, M. "La question de la technique". Em *Essais et conférences*. Paris, Gallimard, 1986. A respeito da técnica em psicanálise num ponto de vista heideggeriano, ver Figueiredo, L.C. "Atos e acasos em psicanálise". *Cadernos de Subjetividade*, 3, 1995.

1) Se a questão diz respeito exclusivamente ao conhecimento produzido *sobre* o *aparelho psíquico* numa pesquisa naturalista, emergem apenas os problemas epistemológicos já conhecidos em outras áreas em que se investigam realidades resistentes a uma fácil fenomenalização ou mesmo de todo refratárias a qualquer fenomenalização. "Realidades" desta ordem impõem ao pesquisador um andar pisando sobre os ovos de *indícios* furtivos e enigmáticos. Uma boa solução, talvez a mais cômoda e elegante para este caso, seria a de destituir o *aparelho psíquico* de todo peso ontológico: ou bem tratá-lo apenas, numa perspectiva neokantiana, como *"função necessária" à inteligibilidade de um campo fenomenal*, ou, numa perspectiva pragmatista, como *efeito de um "jogo de linguagem"*, capaz de propiciar certas práticas sociais mais ou menos valiosas[11].

Nenhuma destas alternativas dispensa o pesquisador de construir suas *evidências*, fechar suas *caixas pretas*, conforme a terminologia proposta por Isabelle Stengers e que eu mesmo adotei num outro trabalho[12]: é sobre

---

11. Z. Loparic (cf. "Um olhar epistemológico sobre o inconsciente freudiano"). In: F. Knobloch (org.). *O inconsciente* – Várias leituras (São Paulo, Escuta, 1991) e Vera Blum Thomaz (dissertação de mestrado defendida na Unicamp, intitulada *O estatuto das entidades metapsicológicas à luz da teoria das ideias de Kant*) representam bem, no Brasil, a primeira posição: Jurandir Freire Costa e seus associados (cf. *Redescrições em psicanálise*. Rio de Janeiro, Relume-Dumará, 1994) militam na outra vertente. Todos, porém, aproximam-se na recusa de atribuir às teorias – no caso às teorias psicanalíticas – qualquer compromisso realista com a descrição e/ou explicação de uma realidade psíquica previamente dada.
12. Ver "Psicologia e cientificidade: para uma política do rigor", reeditado nesta coletânea. *Caixas-pretas* seriam os fenômenos constituídos – interpretados – de uma forma consensual e que, ao menos durante algum tempo, não teriam sua realidade e seu sentido postos em dúvida pelos membros de uma dada comunidade científica, sendo tomados, portanto, como evidências.

elas, as bases consensuais de uma prática científica comunitária, que se constroem e é nelas que se testam, em termos de suas capacidades descritivas e explicativas, todos os modelos; são elas que põem à prova, também, o potencial heurístico de todas as metáforas e analogias.

2) Agora, se a questão diz respeito ao conhecimento referido ao *aparelho psíquico* tal como interessante à *clínica*, surge uma dificuldade: será possível e desejável estabelecer com a experiência clínica uma relação em que possam efetivamente ser constituídos "fatos", "dados", "evidências", tal como exigiria a política do rigor do tipo que eu mesmo sugeri no texto acima referido e originalmente publicado no *Jornal do Conselho Federal de Psicologia?*

Abro aqui um parênteses. Folheando o número do *International Journal of Psychoanalysis*[13] em que se publicaram os principais textos relativos à questão dos "fatos clínicos" e de sua função na validação científica das teorias psicanalíticas, temas em torno dos quais a IPA (International Psychoanalitical Association) realizou uma série de encontros no ano passado, fica-me a impressão de que, em alguns arraiais psicanalíticos, a clínica, na sua originária dimensão ética, está em extinção, sem que, de outro lado, nada de muito convincente se tenha logrado em termos de cientificidade. O trabalho do psicanalista alemão Horst Käechele[14], publicado recentemente em português na revista *IDE*, em que o processo de cura é apresentado através de gráficos e tabelas, ilustra bem o

---

13. *Int. J. Psychoan.*, 1995, 75, 5/6.
14. Käechele, H. *O trabalho do analista e do paciente com símbolos verbais* – Uma contribuição empírica ao mecanismo da mudança psíquica. IDE 1995, 26, 116-122.

que tenho em mente. Ou seja, tomando-se estes trabalhos como referências, parece que a simples tentativa de construir um *campo de pesquisa* no sentido pleno da palavra destrói as possibilidades mesmas de alguém se instalar no campo da experiência numa posição clínica, no sentido que estou aqui adotando. Seriam estes, portanto, exemplos de tentativas de aproximação entre pesquisa e clínica psicológica a serem evitadas.

O que não significa, por outro lado, que a experiência clínica não tenha um fabuloso potencial cognitivo. Afinal, *dar a ver*, deixar que alguém se mostre contrariando todas as minhas expectativas, é o que pode haver de mais fabuloso no campo do conhecimento. É o momento, talvez, de retomarmos a frase de Picasso assumida por Lacan: *Eu não procuro, acho*. Há, creio eu, descobertas que só na clínica se fazem; mas elas se fazem, talvez, exatamente porque e na medida em que a clínica proporciona uma experiência ética original, a do encontro com o inesperado na sua irredutível alteridade, um encontro com o que se eleva à minha frente invalidando-me e intimando-me a ser, desatualizando-me e conclamando-me à atualização. Ora, isso está no extremo oposto ao que seria uma pesquisa no sentido tradicional do termo. Colhemos os dados para uma pesquisa. Na clínica somos, antes de mais nada, colhidos por eles. Um certo *extravio*, lá tão duramente combatido, aqui é a regra.

Considerações finais: problematizando o conhecimento em psicanálise

É um truísmo afirmar que a psicanálise comporta uma dimensão clínica e uma dimensão de pesquisa, um método terapêutico e um método de investigação. Chamo a atenção, porém, para o fato de que estes componentes, embora indispensáveis, talvez não sejam em absoluto *complementares*.

Em outro trabalho[15] tentei mostrar que os conhecimentos teóricos e sistemáticos, resultantes de atividades regulares de pesquisa, deveriam manter com os saberes experienciais e tácitos – como os que germinam e brotam na clínica – uma relação de pertinência e tensão, sem se sobreporem jamais. Nesta tensão, os dois polos se desafiam mutuamente, sugerindo um ao outro, mais que soluções, enigmas que fazem pensar e trabalho. A função das teorias neste caso não seria jamais a de repetir a prática, tentando reproduzi-la, tarefa impossível; mas não seria também apenas a de informar a prática, propiciando recortes e focalizações interessantes e trazendo-lhe respostas. Sua mais fecunda função seria a de, *subordinada à dinâmica ética da clínica*, dar a esta experiência melhores condições de problematização, abrindo, por exemplo, no curso da ação o tempo da indecisão, tempo em que podem emergir novos modos de escuta e de fala[16].

---

15. "Teorias e práticas na psicologia clínica: um esforço de interpretação", nesta mesma coletânea.
16. Estamos habituados a pensar na teoria como *dispositivo econômico*: a teoria economiza experiência e poupa tempo. (Poderíamos também dizer que a teoria é *econômica* no sentido levinasiano: o teórico é a "casa" em que residimos e de onde lançamos nossos tentáculos para nos apropriarmos dos objetos do mundo.) Aqui, ao contrário, estou sugerindo que a teoria, longe de poupar, *dê tempo*, tempo sem o qual uma experiência não pode ser feita, tempo que é a estrutura mesma da experiência. Isto seria o que, para retomarmos um termo de Derrida ("A diferença". Em *Margens – Da filosofia*. Campinas, Papirus, 1991), poderia ser denominado de *eficácia diferente* da teoria psicanalítica.

Aceitando-se esta tese, seríamos levados a pensar numa articulação contraditória entre *clínica* e *pesquisa*. Articulação que não poderia estabilizar-se num ponto de equilíbrio em que reinasse a harmonia. Antes, seria uma articulação conflituosa da pesquisa com a clínica, de sorte a gerar um *conhecimento do aparelho psíquico* sujeito a toda espécie de desequilíbrios, vicissitudes e suspeitas. Mas nem por isso menos legítimo e necessário.

Para encerrar este trabalho, que foi originalmente a minha contribuição para uma mesa-redonda que tinha como título "A investigação em psicologia clínica", gostaria de, provocativamente, deixar como sugestão a ideia de que há, intrinsecamente à atividade da clínica psicológica e psicanalítica, algo que nos chama para o campo da ética, no sentido anteriormente aludido, que não é nem será jamais regulado por qualquer noção de cientificidade e que não se converterá nunca em objeto de pesquisa. Enfim, se aqui nos interessa *achar*, talvez devamos – seguindo Picasso – correr o risco de *não procurar*. Será apenas desde estes achados, desconcertados por eles e em resposta a eles, que fará sentido nos empenharmos numa atividade nomeadora e teorizante, sempre cônscios, porém, de que nunca recolheremos perfeitamente a pluralidade das experiências na totalidade de um sistema.

10

Meu prezado Charles Lang

Reflexões sobre as matrizes do pensamento psicológico e o que veio depois

Meu amigo e ex-orientando de doutorado, professor na Unisinos, Charles Lang, imerso na difícil tarefa de conduzir seus alunos através das páginas densas e frequentemente cansativas do meu livro *Matrizes do pensamento psicológico*, pediu-me conselhos sobre como desincumbir-se da missão. Em resposta, escrevi-lhe a carta que se segue:

"Prezado Charles,

Quando escrevi – com um estilo que, devo confessar, hoje me deixa encabulado – e quando ainda insisto em utilizar com meus alunos o livro *Matrizes do pensamento psicológico* – pois, apesar de mal escrito, creio que há ali algumas ideias interessantes – meu objetivo é o de apresentar e discutir o campo das psicologias contemporâneas em suas principais tendências em termos de seus pressupostos e de suas implicações no plano da vida coletiva e individual ao longo do século XX.

Penso que algumas questões preliminares precisam ser equacionadas para que este projeto faça algum sentido, mostre-se de alguma forma necessário na formação dos estudantes e pertinente (para compensar a aridez de muitos percursos e, aqui entre nós, a chatice do livro que você está tentando transmitir). Afinal, por que a psicologia exigiria uma abordagem como a adotada neste livro?

Talvez a questão inicial diga respeito a como compreender "teorias". Durante algumas décadas de nosso século, décadas que muito marcaram a concepção do que deveríamos esperar e exigir dos conhecimentos psicológicos, predominou uma visão "positivista" acerca desta questão. Segundo esta visão, deveríamos tudo apostar na positividade dos "fatos" (dos "dados") e insistir nos pressupostos das epistemologias realistas. Vamos trocar em miúdos este palavrório meio hermético para não repetir nesta singela e amável cartinha os piores defeitos do supramencionado livro. Apostar na positividade dos fatos é acreditar na possibilidade e na exigência de uma total subordinação dos conceitos, dos modelos e das teorias aos "fatos" psicológicos e/ou comportamentais.

Pode-se tentar isso por duas vias. Em primeiro lugar, esta visão positivista levou ao esforço heroico de procurar fundamentos fatuais para tudo que fosse afirmado nas teorias psicológicas e à suposição de que esta subordinação ao fatual deveria ser alcançada pela lógica indutiva, ou seja, pelo caminho que leva dos fatos singulares aos conceitos e leis gerais. A comunidade científica, segundo as concepções "positivistas" de ciência, seria uma reunião livre de homens totalmente livres para usar com toda a liberdade suas capacidades cognitivas universais de observação e inferência indutiva. Segundo esta visão das ciências, a história do conhecimento científico seria um processo contínuo de verdades que se acumulam e se integram umas às outras à medida que temos acesso a mais fatos e que deles extraímos más inferências indutivas, formando sistemas teóricos mais amplos e completos. Quanto mais avançasse a ciência, mais recuaria a ignorância e menos campo haveria para as especulações.

Ora, esta forma de conceber a produção de conhecimento foi duramente criticada por vários pensadores da ciência. A primeira crítica ao fundacionismo indutivista (chamo de fundacionismo porque a procura é a de fundamentos seguros e sólidos) veio de Karl Popper que argumentou convincentemente contra a crença de que possam haver observações e descrições objetivas de "fatos", isentos de qualquer pressuposição especulativa, pois estamos sempre movidos e orientados por expectativas, quadros de referência, "teorias" sem as quais a mera observação de "fatos" seria mesmo impossível. Assim sendo, não faz sentido esperar que tudo "venha dos fatos", já que os próprios "fatos" só existem a partir de pressupostos conceituais, mesmo que pouco claros e explícitos e mesmo que carentes de fundamentos, vale dizer, especulativos. Ou seja, os ditos "fatos" não são "dados", mas, em certa medida, são "feitos" pelo pesquisador segundo suas necessidades e suas possibilidades conceituais, sua imaginação teórica, suas hipóteses. O que nos caberia, segundo Popper, é sempre partir de hipóteses teóricas para, desde aí, construir e observar "fatos" – as evidências experimentais – que nos sirvam para testar nossas hipóteses, permitindo que nos descartemos das piores e fiquemos com as "melhorzinhas". Digo "melhorzinhas" porque, realmente, nunca teríamos como obter uma segurança definitiva de que elas são cem por cento verdadeiras. Em um próximo teste, mais rigoroso e sofisticado, poderão vir a ser derrubadas. Isto mostra que, apesar de rejeitar uma visão ingênua dos "fatos" como "dados" e registrados em estado de total pureza e neutralidade, Popper continuava apostando na positividade dos "fatos", pois são eles que, como resultados dos testes, mostram se uma hipótese deve ser recusada ou mantida por mais um tempo. Trata-se, portanto, no meu entender, de uma versão mais elaborada e engenhosa do positivismo.

A comunidade científica, segundo Popper, estará sempre mais ou menos comprometida com suas hipóteses, mas, no fundamental, deve estar aberta para todos os resultados de seus testes, mesmo os imprevistos e indesejados de forma a poder renunciar a suas hipóteses fracassadas; a comunidade científica saudável deveria, também, ser muito sensível aos argumentos lógicos dos cientistas dissidentes, os que apresentam hipóteses alternativas, mais simples, mais eficazes, de maior alcance e, eventualmente, de maior sucesso nos testes. Respeitar os argumentos, mesmo que contrários, é uma forma de respeitar os fatos e submeter-se a eles. Enfim, se alguém discorda de mim não devo combatê-lo como inimigo, mas me juntar a ele para elaborarmos juntos e bem melhores e mais conclusivos testes para nossas hipóteses discordantes. É preciso ainda dizer que para Popper e seus seguidores a história das ciências não se mostra contínua e cumulativa: quando as hipóteses são rejeitadas pelos testes e pela argumentação racional (pelos fatos e pela lógica), a ciência pode mudar de rumo de forma mais ou menos radical. O terreno da ignorância não se fecha, apenas se desloca e se redimensiona, na medida em que a ciência progride.

Mas atenção: apesar de os indutivistas e os refutabilistas defenderem lógicas diferentes e terem diferentes concepções acerca do que são os "fatos", ambas as posições dão aos fatos uma positividade decisiva no progresso das ciências. Ambos compartilham uma concepção realista, ou seja, acreditam que haja uma realidade objetivamente dada independente das experiências que temos ou podemos ter dela. Se Popper iniciou a crítica às ingenuidades do empirismo indutivista, os que vieram depois aprofundaram estas críticas e nelas incluíram o próprio Popper: se não há "fatos" como "dados" puros, como confiar nos resultados de observações experimentais acreditando que os "fatos" podem decidir quanto ao que pode ser aceito e o que pode e deve ser rejeitado? Ou seja, o que se fará daí para frente (e Thomas Khun, como você sabe, é um dos grandes nomes deste período crítico) é deixar cada vez mais claros os pressupostos metateóricos das teorias científicas, suas bases metafísicas e sua dimensão especulativa. Isto significa insistir na existência de preconcepções, de pressupostos subjacentes às atividades científicas, às teorias. Significa, também, desfazer aquela imagem bastante otimista que os popperianos sustentavam acerca da "abertura" das comunidades científicas, da capacidade de renúncia às suas hipóteses preferidas, de sua capacidade de entrar em contato e levar em consideração argumentos contrários, etc. Quer dizer, nem os "fatos" são a base do conhecimento, nem têm o peso de decidir qual hipótese se mantém e qual se descarta. Cada cientista é formado e atua dentro de uma comunidade de crenças básicas, métodos e critérios que raramente são questionados e, assim sendo, as disputas científicas estão carregadas de fatores subjetivos, fatores, melhor dizendo, intersubjetivos, consensuais.

Mas se vai além: começa-se a pôr em dúvida a própria existência de uma "realidade" independente das crenças e expectativas de cada comunidade científica. Cada comunidade pesquisa (e habita) um *mundo* construído em grande parte por ela mesma. Os problemas que interessam, os fenômenos relevantes etc. são peculiares a este mundo, bem como os métodos, técnicas e instrumentos legítimos de pesquisa dos objetos deste mundo.

Kuhn usa o termo "paradigma" ou "matriz disciplinar" para se referir a este conjunto de pressupostos, de hábitos e critérios de decisão que formam uma comunidade científica e, de uma certa forma, "fecha" esta comunidade. Mas este fechamento não seria total segundo ele, e é isso que vai diferenciar uma comunidade científica de uma comunidade religiosa, por exemplo: muitos resultados esperados pelas teorias não chegam, muitas expectativas não se confirmam e, assim, vão se acumulando o que ele chama de "anomalias" que deixam todo mundo meio inquieto. Este processo pode levar à desconfiança em relação ao paradigma dominante e, em seguida, à procura de alternativas.

Finalmente, cria-se – inventa-se – outro paradigma que, pelo menos, não tem de carregar consigo uma história de fracassos e parece, sob alguns aspectos, mais atraente e promissor. Começa então um novo período na história daquela disciplina.

Mais acentuadamente ainda do que em Popper, a história das ciências é pensada por Kuhn em termos de rupturas, revoluções, mudanças radicais de rumo que interrompem e dão início, simultaneamente, a períodos mais calmos de "ciência normal".

Bem, meu prezado Charles, se nós trouxermos esta discussão toda para o nosso campo, o que vamos encontrar?

Se avaliarmos a cientificidade das nossas teorias por qualquer das duas versões positivistas, vamos sair encabulados: onde estão os "fatos" psicológicos? Que peso, que positividade eles têm? Como usá-los como fundamento de nossas ideias ou como testar com eles nossas hipóteses? Estamos dispostos a renunciar a nossas teorias porque "fatos novos" as invalidaram? Temos o saudável hábito de levar em consideração os argumentos dos que pensam a partir de outras hipóteses, e nos juntamos a eles em nossos empreendimentos de pesquisa, como seria o desejável, de um ponto de vista popperiano?

Ou somos um bando de farsantes, fantasiados de cientistas, mas que não levam realmente a sério nem a lógica indutivista nem a hipotético-dedutiva, nem os fatos nem os argumentos contrários, ou bem esta visão de ciência não nos serve, não se adequa à nossa realidade de produtores de conhecimento.

Ficamos então radiantes em saber que esta visão de ciência parece em grande medida repudiada também em outras áreas (Kuhn, por exemplo, desenvolveu seus argumentos antipositivistas a partir da história da física) e, com isso, parece, somos salvos pelo gongo.

Mas será que nos cabe o figurino kuhniano? Será que nossa área vive maduramente sob o controle de um paradigma dominante? Será que de tempos em tempos, após um período de fracassos e acúmulo de anomalias, algum paradigma dominante é substituído por outro?

Ora, o que se vê em nosso campo é uma multiplicidade de teorias que não se sucedem umas às outras e, na verdade, quase não dialogam nem que seja para se combaterem (cada um na sua e Deus...).

Mas pareceria que ainda temos uma salvação em termos neokuhnianos: alguns autores vieram a falar em áreas de conhecimento multiparadigmáticas. Seria este o nosso caso? Bem, mas mesmo admitindo muitos paradigmas simultâneos, cada um deles, cada comunidade científica, deveria funcionar naqueles termos: períodos de ciência normal, prática rotineira de acúmulos de confirmações, acúmulo indesejado, mas inevitável, de anomalias, mal-estar e momentos revolucionários com alterações radicais no paradigma dominante. Será assim conosco? Quando olhamos para a nossa "história", pobres de nós, não encontramos nada de parecido.

O que se pode concluir disso tudo? Que, apesar de menos autoritário e pretensioso, o modelito construtivista da *griffe* Thomas Kuhn também não nos veste decentemente. Segundo esta versão da filosofia e da história da ciência contemporânea, estaríamos, na melhor das hipóteses – o que pelo menos nos livraria da acusação de má-fé e charlatanismo –, em um estágio *pré-paradigmático*, o que é pouco mais que nada em termos de pensamento científico.

Mas, se for assim, com que cara ensinar psicologia ou psicologias aos nossos alunos? Com que cara pedir verbas de pesquisa ao CNPq, fazer mestrados e doutorados? Com que cara enfrentar nossos colegas das ciências ditas "maduras"?

Bem, com a nossa, que é a única com que nos brindou a Divina Providência. Mas, por detrás desta cara, há algo mais além da capacidade de sentir vergonha. Não se trata de apenas salvar as aparências de coisa séria para as psicologias diante de um tribunal mais ou menos inadequado. Trata-se de entender em profundidade o valor, o sentido, o estatuto cognitivo das nossas teorias, o que estes modelos epistemológicos acima referidos não permitem. Minha prática como profissional da área, mais do que a de pesquisador e professor; me dão a segurança de que "debaixo deste angu tem carne". E carne de primeira. Como chegar a ela, como fazer ressaltar seu valor?

Foi diante de angústias como essas que eu resolvi repensar a situação das psicologias de uma forma que respeitasse uma certa unidade do campo – que afinal tenta se manter com um mínimo de ligação interna – e a, aparentemente irredutível, diversidade de projetos simultâneos. Então achei, e ainda acho, que o conceito de "matrizes do pensamento psicológico" poderia nos livrar tanto das injunções positivistas como do figurino kuhniano e, principalmente, nos ajudar a entender a estrutura e a dinâmica do nosso campo, deste nosso "espaço de dispersão", como bem o denominou um amigo meu e que você conhece por seus trabalhos no campo da teoria psicanalítica, o Luiz Alfredo Garcia-Roza.

O conceito de "matrizes" procura levar em conta o seguinte:

1) Reconhece-se a diversidade de "interesses cognitivos" (cf. Habermas), ou seja, embora pertencendo a um mesmo território – definido grosso modo pela noção de uma subjetividade privatizada e em parte inacessível a si mesma – as diferentes psicologias destinam-se a "usos" distintos e esta distinção se reflete no tipo de conhecimento que cada uma pretende produzir, nos métodos de produção (nos modelos metodológicos que toma de empréstimos a outros saberes e a outras atividades), etc. Temos, assim, psicologias destinadas a previsões e controle de fenômenos e processos naturais, psicologias destinadas à compreensão e interpretação de fenômenos expressivos e psicologias destinadas ao incremento e à libertação dos potenciais criativos e performativos dos sujeitos. O que muda de uma para outra não é o "objeto", mas o interesse com que este objeto é visado e constituído como foco de pesquisa e intervenção.

2) Reconhece-se a diversidade dos pressupostos metafísicos das atividades científicas e a incidência destas diversidades no campo epistemológico e metódico; isto significa reconhecer que as diferentes psicologias concebem as realidades, as verdades a serem procuradas e as táticas de procura desta "verdade" de formas muito distintas; por outro lado, muitos dos pressupostos básicos estão presentes em teorias que, sob outros aspectos, se diferenciam bastante, o que realça a validade do termo: "matrizes" como geradores de inúmeros e diferentes re-

bentos; há também combinações de "matrizes", sendo que em alguns casos nascem monstros ecléticos, e em outros nascem genialidades, como a psicanálise que nós dois tanto apreciamos e praticamos. Aliás, prezado Charles, como você seguramente percebeu, o livro *Matrizes* trata da psicanálise em diversos capítulos e em nenhum dá conta do assunto; ela tem raízes em toda parte, mas não se encaixa bem em nenhuma. Creio que isso se deva ao fato de a psicanálise ter sido e ser um *híbrido que deu certo*, uma "combinação" que de tão bem-sucedida deixou de ser uma mera combinação para ser algo *sui generis* e irredutível às suas fontes matriciais, algo tão irredutível – gosto de usar a palavra "enclave" para pensar o estatuto da psicanálise entre os demais saberes – que passa a ser ela mesma uma nova matriz. Mas, e esta é uma bela questão, será ainda uma matriz do pensamento psicológico, ou já será uma coisa bem diversa? Algumas acreditam que ela não só é diversa, como é contrária à própria psicologia, mas isto, francamente, me parece uma visão estreita e redutiva de algo muito mais complicado e interessante. O que você pensa dessa história?

Mas, depois que concluí o estudo das matrizes, achei que precisava entender o processo histórico que levou à criação do próprio campo da psicologia – o *espaço psicológico* –, com todos estes lugares tão diferenciados, com seus híbridos e seus "puros sangues" proliferando por todos os lados. Achei que tinha de procurar a resposta na nossa história, na história da cultura ocidental e dos modos de subjetivação dominantes na modernidade. Comecei, então, uma pesquisa cujos resultados foram publicados com o título de *A invenção do psicológico – Quatro séculos de subjetivação (1500-1900)* em 1992, dez anos depois de escrito e um ano depois de publicado o livro sobre as matrizes.

De lá para cá, tive a oportunidade de retomar estas diversas questões em muitas oportunidades (os principais trabalhos estão publicados justamente nesta mesma coletânea que o leitor tem em mãos). Nesta produção, na verdade, estive apenas dando prosseguimento ao que me havia proposto no livro sobre as matrizes e no livro sobre a gestação do espaço psicológico.

Matrizes do pensamento psicológico foi escrito entre 1981 e 1983 (a minha pouca idade na época certamente justifica a escrita ruim), mas só foi publicado em 1991 porque muitas editoras diziam que não era comercial, já que dependia de professores muito bem formados que pudessem trabalhar com este texto, às vezes muito denso, com seus alunos em formação. Hoje o livro está na 9ª edição e eu rio sozinho do tino comercial daqueles editores. Mas o mais importante e compensador é saber que temos muito mais professores bem formados do que eles imaginavam. Que você em particular possa servir-se deste livro é para mim motivo de uma particular satisfação. Faça-me, por favor, a gentileza de transmitir a seus alunos os meus cumprimentos junto com a esperança de que não lhes seja demasiado árida a jornada pelas "matrizes" e que este livro, às vezes um pouco chato, possa lhes ser, ao menos, de algum proveito.

De qualquer forma, prometo que se, acabando a leitura do *Matrizes*, tiverem a coragem de passar ao *A invenção do psicológico*, sentirão um clima bem mais ameno, um assunto, talvez, mais estimulante e, sem dúvida, uma prosa bem melhorada.

Grande abraço, do amigo de sempre"

Luís Claudio

Conecte-se conosco:

f facebook.com/editoravozes

⊙ @editoravozes

𝕏 @editora_vozes

▶ youtube.com/editoravozes

☎ +55 24 2233-9033

www.vozes.com.br

Conheça nossas lojas:

www.livrariavozes.com.br

Belo Horizonte – Brasília – Campinas – Cuiabá – Curitiba
Fortaleza – Juiz de Fora – Petrópolis – Recife – São Paulo

    Vozes de Bolso

EDITORA VOZES LTDA.
Rua Frei Luís, 100 – Centro – Cep 25689-900 – Petrópolis, RJ
Tel.: (24) 2233-9000 – E-mail: vendas@vozes.com.br